U0331005

大夏书系·教育随笔

让教育
多一点理想

陈心想
教育随笔精选

陈心想 著

华东师范大学出版社

上海著名商标市 ECNUP

全国百佳图书出版单位

名家推荐

在旅美留学、治学的十四年中，作者时时关注美国教育，亦念念不忘中国教育。二者强烈的对照，构成了他内心的冲动和笔下的文章，更是反省中国教育的重要视角、棒喝见怪不怪之惰性的不二法门。

——郑也夫（北京大学教授）

陈心想小时候连饭都吃不饱，上了中学还没见过公共汽车，从乡村中学考进中师，保送大学，留美拿到博士学位，现供职于美国高校智库国家战略规划与分析研究中心……这是一条充满了挑战的漫长成长之路。当他说"成长不能抄近道"时，不仅是学生和家长，所有人（也包括那些校长、教授、教育专家）都必须洗耳恭听。能以"我过的桥比你走的路还多"的经验来给我们展现人生课堂的，除了陈心想博士，还真找不出几个人来。

——薛涌（美国萨福克大学副教授）

陈心想博士的这本书，说到了当今教育的诸多痛点，比如家长为孩子的成长代劳，只偏重智力培养，只知做圈养放养的选择而不知培养等。这本书旁征博引却又很接地气，见解独到，屡屡打破流传广泛的成见；给家长和教育界人士深刻启发，却又没有居高临下，雄辩而亲切，非常值得一读。

   ——南桥（美国高校教育设计专家，教育专栏作家）

  教育，是中国社会的一大痛点，我们正在通过满是问题的中国教育塑造下一代，这是一件很糟糕的事情。陈心想博士亲自体验过东西方的教育，他出身中国的师范，现在在美国做研究，还是一名小学生的爸爸，这本随笔集记录了他十多年间跨越中西、从受教到育人的心得体会，其中很多真知灼见，可以启发、巩固我们对于教育的设想和理想，值得阅读。

   ——涂子沛（阿里巴巴副总裁，《大数据》作者）

  中国教育的改革与进步，需要自上而下的顶层设计，更需要自下而上的、所有与教育相关者的积极参与；需要埋头苦干的精神，更需要对教育理想的坚守。这本《让教育多一点理想》，展现的就是作者对教育理想的坚守，对中国教育改革的参与，以及对中国好教育的期盼。期待她能点燃更多人心中的教育梦想，汇聚起推动中国教育的力量。

   —— 熊丙奇（21世纪教育研究院副院长）

目　录

好教师的价值

蹲下来和孩子一起看世界

或许与教育有关

"关系型"教育：一种教育观念

中国教育的出路

自　序

　　在这本教育随笔集即将付梓之际，遵朱永通先生之嘱，写一篇短序。

　　本文集涵盖文章 51 篇，主要是从我 2010 年到 2014 年大约五年时间里所写的教育随笔中挑选的。从最早一篇关于教育的文字发表以来，15 年过去了。以前读博士功课忙，写的少；近五六年里，即 2009 年夏天参加工作后，随着孩子进入美国学校上学，又因了某些机缘的推动，教育随笔多了起来。2011 年上半年，为《教师月刊》写了半年专栏，促使我对美国的教育进行仔细观察和思考；2013 年 3 月开始，在《中国教师报》开了一年多的专栏——"借眼美国教育"。这些文字涉及美国基础教育的诸多方面，从"好教师的价值""蹲下来和孩子一起看世界",到"美国'高考状元'的经验与感悟",等等。这两个专栏的文章合起来近40篇,加上在这一报一刊上发表的非专栏文章,大约有50篇。

2014年回国探亲,一路以座谈、讲座等方式走访接触了许多的教育人和事,足迹从小学、中学到大学,从乡村到城市,从深圳到北京,写下了一组中国教育观察和思考的随笔文字,节选部分首发在2014年8月的《教师月刊》上。为郑也夫先生的《吾国教育病理》《科场现形记》以及其他著者的几本教育书籍写的书评,以及讨论中国教育问题和出路的文章,发表在《教师博览》《中国教育报》《教育时报》《新闻晨报》《南方都市报》《齐鲁晚报》等报刊上,算起来又有二三十篇,"中国教育的出路"一辑里的文章多是从这些文章中遴选的。教育与社会是不可分割的,理解教育需要跳出教育看教育。文凭无疑是思考教育问题不可回避的关键题目,由此,我把2011年发表在《书屋》上的社会随笔《后文凭时代》一文也收了进来,以帮助大家把观察教育的视野放大一些。

我于1991年考上中师,毕业后保送上了师范大学的教育系,在师范学校度过了七年。那是金子般的七年岁月。本文集里收录了《永师杂忆》一文,回顾了我三年中师生活青葱岁月中的一些难以忘却的片段,也许我们的教育工作者从中可以获取一些启发，使当下的学校生活能让学生在若干年后仍留有对母校的美好回忆。师范毕业之后我虽然走上了社会学研究的道路，但是一直关注和思考着教育问题，每每对观察到的中美教育进行比较，偶有所得，形成文字。如今已近不惑之年，回顾往昔，当上一名小学教师的梦想依稀在心头浮现。在异国他乡，只想以此书作礼物，一并送给坚守在祖国教育岗位上的教师、关心中国教育的朋友们，以及这个虚度四十年的书生。

　　最后，衷心感谢策划编辑朱永通先生和审读编辑王悦女士，是他们的辛苦努力使得本文集质量得到很大提高，没有他们的督促和帮助，本文集也不可能与读者见面。

　　是为序！

2015 年 7 月 25 日于美国星城家中

2015 年 11 月 20 日修订

岂可忽视"美盲"

成长是独特的生命体验

小孩子会试图触摸火苗，感受到了灼热，就会立马缩回手来，下次就有了警惕，这就是一种成长。在春天里，儿童看到飘落的花瓣，看到翩翩起舞的蝴蝶，体验到一种美与动，怀有一种好奇——为什么花瓣会落，蝴蝶会飞？花瓣落了变成了什么，蝴蝶会飞到哪里去？带着疑问向前行，这就是一种成长。

成长是每个人独特的生命体验过程，没有任何人可以替代。这也正是教育之所以困难或者容易的关键所在，就是要把这个体验真正实现，才有所成长。

人的成长分为人格的成长和知识技能的提高。这两者似乎独立而又密切相关，甚至可以在某种意义上相辅相成。但如果生命体验中出现了偏差，也会导致二者不和谐的成长，志大才疏者有之，艺高德乏者亦有之。

南怀瑾先生说教育在人的成长中，只是一个增上缘，也即辅助条件，背后还有很多东西，不仅仅有所谓基因赋予的天赋，还有宗教意义上的东西。教育只是提供了一个外在环境，让一个人更可能触发某种生命体验，这样也才可以增进悟性，获得灵感，升华境界。

神经达尔文主义理论认为，脑神经的生长在胎儿期非常快，出生后也很快，但随着年龄的增长，到了十八九岁，脑神经的生长速度开始迅速减缓。在这个成长期，外界环境给他们哪些方面的刺激，哪些方面的神经丛就发展起来，强壮起来，而得不到刺激的神经丛则几乎未见天日即已消失。这也是为什么说童子功重要。

天赋与环境的争论和研究结果虽然可以给我们一些启发，但是依然无法改变成长是每个人独特的生命体验这样一个事实。而这个事实正是当下不少中国家长纠结的问题所在。家长对孩子包办过多，实际上剥夺了他们的成长机会。比如，有些家长除了学校课业学习之外，几乎什么都不让孩子插手过问；有些留学生从小到大一路上都是父母在包办。薛涌老师告诫他接触过的送孩子来美国留学的家长，让他们不要包办孩子的一切。比如申请留学做材料本身就是孩子成长的一个良机，然而现在都花钱请中介代理。薛老师告诉家长，来美国上学，孩子与教授的关系也很重要，以后写推荐信找工作或者上研究院，都需要教授的支持。家长说，那我给教授送礼。关于贿赂文化，中美差异太大，贿赂在美国行不通，中国家长却不了解。虽然心情可以理解，但做法实在欠妥。

有作为的人物，哪个不是历练出来的？没有这个历练，没有这个生命体验，他就成长不了。《西游记》中的取经故事就是一个个关于历练的哲学经典故事。八十一难的过程简略了，就等于整个修炼过程没了，如同植物的生长，需要一个从坚硬黑暗的泥土里破土而出，历经风雨阳光节节拔高的过程。电视剧《木鱼石的传说》里，皇太子的老师让太子去寻遍千山万水找宝贝——木鱼石，最后找到时，老师告诉太子："这块山石，其实一文不值，但不登泰山，不知山高；不涉大海，不知水深；不于民间苦行，怎能分辨忠奸善恶。"社会学家费孝通回忆自己在清华的导师史禄国的时候说："他从来不扶着我走，而只提出目标和创造条件让我自己去闯，在错路上拉我一把。"

这个过程是出智慧和能力的过程，无人可以替代，也无法不经而成。唐朝太平公主要让母亲武则天封她为皇太女，继承王位，效法其母。可是，武则天告诉她，虽然她冰雪聪明，酷似自己，但是自己的经历她没有，没有这个生命体验换来的成长，她不可能成为另一个武则天式的人物。美国富豪和官僚家的子弟依然强调个人主义式的奋斗，是避免官二代和富二代中出现纨绔子弟的智慧策略。

中国的发展是有历史原因的，不像美国，早已形成了一种向上的注重个人成长发展的文化。比如爱读书的人，美国的比例就比中国高很多。如果从藏书家庭看，根据世界 27 国调查数据，家里没有一本书籍的，美国有 3%，而中国城市家庭有9%，乡村则多达 25%；拥有大约 75 本及以上藏书的家庭，美国有 52%，而中国城市有 35%，乡村只有 12%。面对改革开放后一些经济上暴发的家庭，缺乏书香文化的支撑，容易给子女带来过多的包办，或者溺爱。这是一种不同的生命体验，但却不利于孩子的健康成长。这个成长是生命发现自我潜能、自我价值，实现自我的过程，无可替代。

也许未来高科技会用某种技术把别人的生命体验转化成一种生命的体悟移植给他人，效果如同自身体验。但这之前，任何人，不管是家长还是教师，都无法替代任何人的自我成长，每个人的成长都是带有个性色彩的独特生命体验。

这也是为何我们强调学生学习的自主性，强调自学能力的重要性，强调发现自身兴趣的原因。外界的环境必须通过内在的心灵的震动才能发挥作用。"对牛弹琴"虽然是老生常谈，但道理是朴素真切的，没有能够欣赏音律的心灵，或者"心不在焉"，琴弹得再好也没有用。

我也做过教师，短暂地教过中学生，还为美国大学生和博士生上过课，对当教师的甘苦都有体会。教师真的不容易，当个好教师更难，因为关键是能够启动学生自身的主动性，找到那种难以捉摸和把握的对生命体验的钥匙。

生活经历和不断阅读，这是生命成长的两大动源，没有别的办法。生活经历包括对大自然的亲密接触和阅人历世，不断阅读专指对书本文字和符号或艺术品等的接触、欣赏和领会。不管哪个方面、任何时候，只要触动了心灵，使其获得一种感悟和理解，有一种内在的震动，成长就在发生着。

忽然有一天，某个孩子成了大人了，说话办事不同了（当然不是变得圆滑世故，而是有了与年岁相称的责任感与仁爱明理）。这个过程是漫长的，是摸爬滚打出来的，是历经挫折、疑惑、焦虑等之后的豁然开朗。这种成长是在成就一些人与事的过程中得到的。有句话叫，"人为事生，事推人成"。

斤斤计较的教育体制过于专注考试的内容，视分数和排名为生命。生命潜能虚耗在强大的目的性中。如台湾美学家蒋勋所说："目的性会让人文无法真正张开，是最大致命伤，长久生命潜能要开发的东西就没有了"。心灵的"硬化"很恐怖，教育就为了要有"柔软"的心灵，因为"'柔软'才会有智慧、有感觉，才会恢复人的创造力"。

暮鼓晨钟，不断敲打我们，保持心灵的鲜活，抑制惰性，这样才能更多地体悟生命；好奇、思索、寻找，领悟一分既获得一分成长。不管是花朵的娇媚，晨鸟的放歌，还是大漠的苍凉，长河的落日，都是一种生命心灵体悟的载体。

佛家说，"自度度人，自觉觉他"。成长是独特的生命体验，这种体验虽然无法替代，但可以通过口头或者文字与人分享某些心得。这也是一种成长，而且是升华了的生命境界；她既在高处，更在普通如你我之间。

父母要当孩子的"贵人"

　　孩子不能"放养"，而要培养。而对父母来说，如何培养则是一个文化资本的问题。美国社会学会会长安妮特·拉鲁（Annette Lareau）教授的《文化知识和社会不平等》（*Cultural Knowledge and Social Inequality*）一文或许能给我们一些启示。

　　这里的文化知识，不是指我们在学校里接受的知识，而是指体制和社会机构运作的游戏规则，拉鲁将其概括为"文化资本"。比如，中产阶级家庭的孩子从父母那里学来的待人接物和对学校教育的了解，是工人阶级的孩子所接触不到的，我们可以说，那些中产阶级的孩子就具有了文化资本，从而具有了竞争的优势。

　　拉鲁的研究是从 20 年前开始的，当时他访问了 88 个美国家庭，包括不同种族和阶级背景的三到四年级孩子，然后写了一本社会学大作《不平等的童年》（*Unequal Childhoods*）。十年之后，拉鲁对 12 个家庭跟踪研究，把十年的变化加进去，修订了这本书。又过了十年，那些孩子到了 30 岁的时候，拉鲁又进行了访谈调查，研究结果表明，寒门子弟缺乏的不仅是经济资本，还有文化资本。这使他们很难实现我们时下所说的"逆袭"。

教育学界有个争论，即孩子是自由发展好，还是需要家长指导。自由发展一派认为，孩子要有快乐的童年，让其自由发展，家长不该管。而拉鲁的研究发现，中产阶级家长都在管着自己的孩子，从学习方法、考试、与老师的互动，甚至选课，当然还有大学及专业的选择等无所不包，因为他们对此都有着自己的经验，也有资本，所以孩子在他们的指导下，大多数都能发展得不错，到而立之年，可以有良好的生活习惯、不错的经济收入、较满意的小家庭。再看那些寒门子弟，父母往往都不具有指导孩子的能力，他们也不了解教育和学校机构运作的规则。这些孩子即使很用功，也往往成绩不好，进不了好大学，或者很难毕业，容易成为无家可归者，甚至在街头吸毒流浪，不仅生活习惯不好，经济收入低下，而且很难组织家庭。

以中产阶级家庭指导成功的典型案例——女孩 Stacey 为例，她的妈妈有数学硕士学位。在 Stacey 求学过程中，妈妈一直紧紧跟随指导：从小时候就给她报体操课；游说学校单独对 Stacey 进行考试（自费），以使其进入"优质班"；Stacey 的大学微积分课遇到危机，又指示她找学生顾问换课，这样可以保持漂亮的成绩单，不至于在申请研究院时拉后腿，等等。结果，Stacey 不仅本科读了马里兰大学，还在俄亥俄州立大学读了研究院；30 岁时，有了自己的家庭，丈夫是读研究生时的同学，如今儿子已经两岁。通常看来，这个女孩如果没有妈妈的一路指导和干预，她很可能像那些寒门子弟一样，高中都毕不了业。

由于这种文化资本的缺乏，在美国，寒门子弟中能够实现逆袭的很少。拉鲁从另外一项研究中，找到了一个寒门子弟 Nick 进入中产阶层的例子。Nick 来自工人阶级家庭，父母不具有指导他求学的文化资本，但是他在关键时刻都遇到了贵人，弥补了家庭的不足。Nick 学习天分很好，高中毕业前，他想要学医，一位高中学校顾问帮他找了当地医生，为他提供意见和建议，当参谋。于是他去了常春藤盟校哥伦比亚大学。这是第一次贵人相助。第二次是在哥伦比亚大学，Nick 发现自己学习不得法，在人才济济的地方显示出了自己的缺陷，好在第二个贵人又出现了——Nick 交到了好朋友，一起学习的伙伴教给了他学习的方法。第三次则是在申请医学院时，医院实习中认识的朋友帮他做介绍，把他从候补名单转成正式录取。

近些年，美国也一直在讨论寒门子弟因为不了解大学录取情况而错过了上好大学的机会。这就是文化资本在起作用。我国近几年也在讨论"寒门难出贵子"，除了经济因素外，文化资本也同样发挥着作用。一味批评这种不平等没有多少意义，怎么做才更重要。为了能让寒门子弟多些向上流动的机会，各级学校可以设立顾问机构或学生咨询机构，实施导师制，让学生在学习和生活中强化对学校和体制运作的了解，以便更好地适应和利用学校资源。贵人是可遇而不可求的，设立常规制度可能更有帮助。

另外，拉鲁还有一个有意思的发现：如今指导孩子上学的家长，一般都是妈妈。看来，具有文化资本的妈妈也是孩子良好发展的基石，她对孩子不会"放养"，而是会进行"培养"。

是奖励分数还是奖励习惯?

　　针对学生学习有各式各样的激励办法,对学生取得的成绩进行奖励是最常用的办法之一。在学校,有奖金和奖品,还有颁奖大会;在家庭,有的家长会把旅游等作为奖励。通常这些奖励都是针对分数而来,但是,奖励分数就真的能让学生成绩提高吗?

　　针对这个问题,不少学者进行了探讨,并取得了一定的成果。最近几年,哈佛大学经济系罗兰·弗赖尔(Roland G. Fryer)教授的教育创新实验室,对休斯敦、达拉斯、纽约、芝加哥和华盛顿特区等地的近四万名城市公立学校的成绩较差的学生进行了实验:如果他们的考试分数提高了,就可以得到现金奖励,看这样是否可以提高学生考试成绩。比如,一个学生如果能拿到"A"的成绩就可以得到50美元奖金,"B"的成绩可以拿到35美元奖金。接受实验的有四年级、七年级和九年级等不同年龄阶段的学生。结果表明,现金的奖励虽然摆在学生面前,但学生成绩提高的幅度微乎其微。

　　研究发现,有了奖金的激励,这些学生考试时更认真了,反复阅读考题，生怕弄错。但是，他们在考前并没有认真学习教材，也没有用功学习，在学习上遇到问题也没有寻求老师的帮助。虽然有了"奖金的激励"，但是这些学生根本就不知道如何学习才能提高成绩。有学者还发现，过于看重奖励导致许多学生作弊。

那么，该着重对什么进行奖励？研究人员改变奖励办法，重在奖励有助于提高学习成绩的好习惯。弗赖尔的教育实验对象主要是学习较差的学生。如果是学习好的学生，是否会是另一幅图景，还有待进一步研究。不过，很显然，好的学习方法和习惯的培养应该比单纯的以分数为依据的奖励更好、更有意义。而且，奖励也不一定非是奖金。比如在具体的师生交流中，一个微笑的肯定也许比几美元的奖励还有效。美国学前班的小学生，老师在他们的作业本上画一个笑脸符号，表示老师表扬他们功课做得好，每天都如此的话，孩子们就会很高兴。这个"笑脸"绝不亚于几美元的奖励。

物质奖励本身的作用究竟如何，学界还没有一致的结论。但是，如果使用得好一定会起到正面作用，关键是看机缘条件。比如，美国苹果公司创始人乔布斯原来并不喜欢上学，也很调皮。直到上四年级时遇到了伊莫金·希尔（Imogene Hill）老师，才发愤图强，好好学习。希尔老师是怎么做的？乔布斯到她班里不到几周的时间，希尔就与乔布斯达成一个协议：如果乔布斯可以自己完成数学作业，并且至少得到80分，希尔就付给乔布斯五美元。乔布斯开始时觉得不可思议，却接受了这个挑战。此后，乔布斯对希尔老师尊重有加，不需要给钱也能好好学习，而且跳到了五年级。这个例子和上面的弗赖尔等学者的实验不同的是，这里是一对一的关系，里面含有个人间的情感和交流，而不是你考了高分，我就给你几美元那么简单的事情。

如果一定的奖金或其他物质奖励可以让一个学生养成良好的学习习惯，那么这个奖励就是值得的。究竟是奖励分数还是奖励习惯，如何让奖励达到激励学生学习、提高成绩的目的，需要教育工作者进一步加以研究和探讨。

注重培养"非智力品格"

现在教育的一个误区，就是过于重视学生的智力发展，而忽视非智力品格的培养。个中原因大概正如郑也夫在《神似祖先》里所说的："人类理性能力的发达，以逻辑推理为基础的科学在现代社会中日益壮大，以智力为基础的正规学习和考试成为社会晋升的第一门槛，三位一体，导致人们过度崇尚理性和智力。"而实际上非智力品格对一个人的发展可能更重要。

美国20世纪60年代有个实验，就是佩里学前班项目（Perry Preschool Program Study）。在一个贫穷社区，随机抽出一些学前儿童，分成两个群体，一个是实验群体，给他们一些训练，比如情绪控制，与伙伴相处的技能，持续的注意力等等；另一个是对照群体，他们没有得到这些训练。之后的测验发现，实验群体孩子的智商比没有得到训练的对照群体孩子高，可是到了三年级，两个群体的智商水平又一样了。这让做这个实验的人很沮丧，觉得这种早期干预办法没有用。可是近来经济学家、诺贝尔奖获得者詹姆斯·赫克曼（James J. Heckman）对这个项目的数据进行了研究，发现虽然从长期来看这些得到训练的孩子的智商没有比其他孩子更高，但是他们长大后的生活却明显地比没有受过早期训练的对照群体的孩子好，不管是求学、收入、健康，还是家庭生活等等方面都明显较好。赫克曼等人最后发现，造成这种差别的原因在于，得到训练的孩子在非认知能力上得到了提高，而就是这种非认知能力，包括好奇心、自我控制能力、社会交往技能等非智力品格，让这些孩子后来发展得更好。

2009 年，普林斯顿大学前校长威廉·博文（William Bowen）与其同事在《穿越终点线》（*Crossing the Finish Line*）一书中发现，在解释一个大学生是否能够顺利完成四年学业上，大学入学考试的 ACT 分数没有预测力，而学生在中学时候的综合成绩 GPA 却有很好的预测力。为什么会这样呢？因为 ACT 分数测量的主要是智商，而 GPA 测量的不仅是智商，而且包括了非智力因素，比如学生的勇气、意志力、学习方法、时间管理能力等等。而顺利完成大学学业不仅仅需要智商，更需要其他诸种非智力品格综合起作用。

赫克曼与同事在《软技能的硬证据》（*Hard Evidence on Soft Skills*）里还研究了高中毕业生中那些获得了普通教育发展证书（GED）的学生上大学后的情况，来揭示非智力因素的那些软技能的作用。这些学生学习成绩不能够拿到正常的高中毕业证，但是他们可以参加一个替代性考试项目——GED 考试，通过了之后也可以申请上大学。但这个考试也重在测量智商。

通过比较那些获得 GED 证书后上大学的学生和正常高中毕业进入大学的学生发现，GED 学生几乎很少有人能够顺利念完大学，拿到学位，大都中途辍学了。当与那些没有通过 GED 考试的高中学生比较时，发现二者后来的表现没有差别，虽然 GED 测验区别了他们之间的智商。这个研究再次支持了只有智商，对学生的发展是远远不够的，对于大部分人来说，非智力品格具有更根本的作用。赫克曼等学者认为，对这些非智商的软技能的培养重点在婴幼儿时期，因此家庭和父母在孩子发展中的作用就更重要了。他们认为儿童贫困的实质在于父母教育。所以，父母的修养和行为对孩子的影响至关重要。也因此，有人认为等孩子生下来父母再读如何做父母这类书已经晚了。没结婚之前自己的修养和能力已经决定了自己的结婚伴侣是什么样子，从而也影响了自己的孩子会得到什么样的早年父母教育。

赫恩斯坦与默里（Richard J. Herrnstein and Charles Murray）1994 年合著的《钟形曲线》（*The Bell Curve*）一书的观点是典型的智商决定论。在默里新著《真正的教育》（*Real Education*）一书里，他认为那些辍学的大学生本身智商不够，不该去上大学，所以他们应付不来大学学习，最终退学。上面的研究都不支持默里的观点，比尔·盖茨和乔布斯是两个很明显的例子，大学辍学了，但不是因为智商。当然，他们也不是因为非智能因素不好。这些人大概是异类。但是，对于多数的大学辍学者而言，非智商因素起着根本的作用。而一个令人鼓舞的方面是，虽然基因对人的性格有影响作用，但是必须通过与外界环境相互作用，所以一个人的性格是基因和环境共同作用的结果。这种非基因决定论就给家庭、学校和社会有所作为留出了空间。

在非智商品格里，一个很重要的技能就是学生处理失败和挫折的能力。研究发现，许多一贯学习很好的学生，就是因为缺乏面对失败和挫折的勇气和处理能力，一旦遇到逆境就可能一蹶不振，输掉了后面的人生。比如在保罗·图赫（Paul Tough）的《性格的力量》（*How Children Succeed: Grit, Curiosity and the Hidden Power of Character*）一书里，通过国际象棋冠军的训练来揭示教师是如何指导学生从失败里学习，总结经验教训走向冠军之路的。教师不是要阻止学生失败，而是指导他们如何面对失败，如何从自己的挫折中学习。竞技场上胜败是常事，要认识到暂时的失败或者挫折只是一件事情做错了，而不是整个人都败了，要有信心和勇气，培养积极、缜密的思维习惯，以及意志力，这才是最重要的。不管是国际象棋、弹钢琴、画画，还是学术研究等一切领域，要想达到一流甚至超一流的水平，都离不开著名的"一万小时定律"（这个定律最初也是从国际象棋冠军训练研究中发现的），即必须经过多年的艰苦训练才能成功，即使天才如莫扎特也不能例外。没有意志力、韧性，以及抗挫折能力，能做到这一万个小时的大小练习吗?!

我们可以说,好老师最重要的在于培养学生这种积极健康的性格,这远远比学习内容的多少更重要。当学生有了良好的性格之后,自我学习发挥了作用,激发了内心对知识的渴望和对世界的好奇,求知的动力会推动着他们钻到学习中去,效果会很好。所以,教育工作者要避免智商崇拜,重视培养和发展学生的非智商品格,尤其是当学生年龄较小的时候,更是如此。

美国"高考状元"的经验与感悟

　　美国自 1964 年开始设立由总统颁发的高中毕业生国家最高荣誉大奖之一的"总统奖"以来，至今已有 51 年，每年都有大约 140 名高中毕业生获得该奖项。该奖项每州男女生各 1 名，另有 15 个不定名额和 20 个艺术特长生名额。除了艺术特长生，每个州的获奖者都是大学入学考试成绩在全州前 30 名之内，并参照学生特征、领导才能和社区服务活动、个人陈述，以及小论文的分析等诸项条件评选出来的。我们将上述获奖者称为美国的"高考状元"。

　　反观我国的高考状元，研究者发现他们极少有人在政界、商界或者学界成为杰出人物，导致此结果的原因在于我国的高考状元基本是以考分来评定的。那么，美国采用了多项指标评选出的"状元"在多年以后的成就又如何呢？美国学者从 20 世纪 80 年代就开始了对美国最早期的总统奖获得者的追踪研究。

　　这些最早的获奖者的成就和事业已基本尘埃落定，但他们的经验和教训对我们依旧有很深刻的启发。在被追踪的 145

位获奖者中，虽然后来拿到博士学位或专门职业学位的人占70%，远高于同龄普通群体的12%，但正如我国的高考状元一样，不管是从财富上还是从是否成名上看，没有人成为某个领域的杰出人物。他们虽然高中毕业后多数上了很好的精英大学，而且也获得了一些奖项，但是工作后的获奖经历就乏善可陈了。成就和事业靠的不只是考试，甚至美国总统奖这样高标准的大奖，也是无法实现对真正杰出人才的甄别的。每个人事业的发展凭借诸多因素，正如其中一位获奖者所说："不要认为，在1964年总统学者活动上所认可的高智商和成绩，就一定会在每件事上都带来名或利，事实上，许多因素（如犯罪受害者、家庭中重病号、经济危机等）对高智商者的影响与每个美国普通公民一样。"

数十年后获奖者们谈到的获奖的负面作用，或者说过于投入学习的负面效应，更值得我们深思。首先，由于他们早期的表现获得了令人瞩目的奖项，人们对他们的期许和他们的自我期许都变得更高。这种不现实的高期许，容易带给他们压力和沮丧，他们总是认为自己做得不够好，不管做得如何，总会受到别人的议论，压力也就变得越来越大。其次，过于投入到学习中，缺少了其他方面的学习和锻炼，包括情感处理、人际关系、目标设置等。一个获奖者对一个在校表现很好的学生总结了一句简单但有力的话，"你可能是聪明的，但需要时间去培育"。世间有个能量守恒定律，一方面做得过多，另一方面就欠缺了。这些获奖者将精力过多地投入到为高考作准备中，却忽略了其他方面能力的培养，导致他们在骄傲自大的同时，也容易在挫折面前无所适从，情绪低落。这些学子在学业上太过顺利，过多的鲜花和掌声围绕着他们，导致他们受到的挫折锻炼极少。

这些获奖者给教师和家长们也提出了一些建议，比如"我鼓励父母和教师对待孩子，要真正地把他们当作独特的个体对待，不要担心他们不能达到传统上的标准，要更注意发展培养他们特殊的天分和兴趣。""教你的孩子有健康的自尊：不要傲慢、不要太谦虚。使他们在早年有一些他们很难练习和提高的事情的经历，比如音乐课或者体育，他们不能够马上做到，所以他们会明白，不是所有的事情都那么容易，要给他们创作和做白日梦的时间。"

作为教育者和父母，我们可以通过认可个人的成绩来支持和鼓励他们天分的成长，但是我们必须谨慎小心。当我们奖励年轻人的成绩时，我们必须让他们明白，奖励只是一个开始，接下来还要有长期的努力工作，要培养自己做事坚持不懈的精神，并与指导老师和同事们相处融洽，寻求成长和发展的机会。

"鸟类标本"考题的故事

　　人生无处不在考试中，考试考的也是人生。即使是狭义的学校考试，好的考题考的不仅是知识，更是人生态度、个人品格，即个人综合能力。曾任教于哈佛大学商学院的杰弗里·雷波特（Jeffrey F. Rayport）教授讲过一个关于考题为"鸟类标本"的考试故事，很能说明这个道理。

　　雷波特在哈佛大学读大二的时候修了一门动物学。期末考试在一个大堂里进行，助教在开考前用小车推来了一个大鸟标本，而且这个标本用麻布袋盖着，仅露出两条细瘦的小腿，一小撮羽毛，和固定在基座上的一对爪子，没有任何其他线索。要求就凭这些线索来运用那个学期所学的知识，尽量以专家的口气来描述这座标本的特征，并推断出这只鸟的迁徙模式、日常食物、交配习性、交流方式、群居本能，最好也要把其属名和种名交代出来。考试时间四个小时，可以认真观察标本，但前提是不能拿掉麻布袋。这么一个怪异的考试，终于在一个小时后，让一个考生忍受不了了，他冲着研究生助教大骂："这种考试真过分！简直是侮辱人！我不考了！"然后嚷嚷着愤怒地走了。

雷波特通过这个故事想说的是，在极不确定和剧烈变动的情况下，我们该怎么办。在这个故事里，考题就是利用非常有限的信息来分析、推理，并作出决定。当出现那个闹考场的考生的时候，又是一个选择考验。实际上，这些都需要我们具备坚定的信心。在真实的生活里，人生和事业都变幻无常，也无法保证能有一定的结果。就如同这个考试，仅仅凭借那有限的信息来判断、答题。事实上，生活中总是面临着诸多仅有一点线索信息或者知识的时候，必须作出决定，继续前行。决定不一定对，但是必须有这个信心。如果像那个中途退出的考生，结束得容易，但明显不够理性，后果也没那么轻松。在那个时候，如果考虑到这门课的分数、学分、学业等问题，就会意识到这不是中途一走可以解决的。

如雷波特所说："若想继续往前走，关键就在认清一件事：追求任何重要目标——比如写好考卷、完成考试、修满学分——都要接受手边资讯有限，将来也会经常如此的事实。另外还必须了解一点：如欲采取重大行动，永远都要具备大量经由训练得来的坚定信心。"[1]

保持自信，这就是雷波特通过这个故事最想告诉读者的。他要我们遵守个人的是非标准，拒绝接受别人的煽动，思考自

---

[1] 戴西·魏德蔓.记得你是谁：哈佛的最后一堂课.谭家瑜，译.台北：天下杂志股份有限公司，2004.

身和人类的处境，之后做件轰轰烈烈的大事。他的这个自信要求，正好与该书主题篇《记得你是谁》作者的母亲的教导是一致的。

哈佛商学院的前院长金·柯拉克教授（Kim B. Clark）回忆母亲当年对他的教导，每天早上他离开家门时，母亲都会低下头来盯着他的眼睛说："小金，你今天是要出门当领袖的，千万要明辨是非，可别让人家牵着鼻子走，要记得你是谁呦！"是呀，外在因素总是试图影响我们的判断，引诱或者阻碍我们成为自我，做好人生的答卷。考试与人生，似乎总是一个庄周和蝴蝶的寓言故事。

我有时候在想，我们的高考、研究生考试、博士考试，其实考的不仅是知识，还有很多的知识之外的东西。比如一场研究生考试，一门课三个小时，坚持下来是需要毅力和体力的，答题本身也是要点智慧的，除非考题太愚蠢。又比如古代科举，举子们考下来，除非作弊，这个过程本身就是一种人生考验。常听考生下了考场，抱怨没有发挥好。其实发挥得好坏本身，除了受运气的影响之外，还会受到外在环境因素的影响。比如上面说的那个考试中途退出，而且大骂助教的人，就是影响他人考试情绪的因素。而这些都是预料不到的。自己该如何处理这种因素的发生，也是人生中必不可少的素质。所以，考场发挥本身就是考试要测试出的能力要素之一。

美国的高考和研究生考试，我们知道有 SAT 和 GRE，这类考试时间要求都很紧，而且考试时间长，现在电脑机考每部分试题的时间都是规定好的，规定时间内答不出来，这道题就过去了。总之，这两项对一个人的反应能力，应付长时间作业的能力，毅力，耐心等，都是一个考验。通过这样的考试，基本上可以说，把具有这些品质的人挑选了出来。

如同"鸟类标本"这样的考题，如果考试设计较好，考察的不仅是知识，更是面对人生和生活的智慧。而这样的考题，在生活中和事业中，似乎不断地在涌现。我们是充满自信地认真答卷，根据有限线索作出判断，还是中途一走了之，就在个人的修为了。

"教育世界"的解读引领教育行为

　　教育是关系到每个人的大事。教育上的不少问题似乎让师生家长都觉得无解。作为客观存在的制度性的或者结构性的问题事实，是很容易感受到的。但是，作为我们"生活世界"的一部分的"教育世界"，有着客体与主体的双重性，既有客观实在的结构制约存在，也有人的主观能动性存在。这是我们面对似乎无解的教育问题时可以积极努力的一束阳光。

　　对于教师、学生和家长来说，面对同样的教育现实，因为每个人的解读不同，从而对教育世界的感知也各异，行为及其结果也千差万别。法国社会学家皮埃尔·布迪厄（Pierre Bourdieu）在教育方面的研究就很强调结构与主体的互动实践。主体对客体的解读，用冯友兰的哲学说法叫"觉解"，觉解的层次决定了人生的境界。也可以说，对"教育世界"解读的层次越高，"教育世界"的意义境界也越高。一个被人引用烂了的故事是做砖与盖教堂的比喻，但其道理一点不会烂。如果对做砖的理解仅仅是做砖本身，那它就是一个无意义的机械活动，而如果把做砖解读为盖教堂必不可缺的一部分时，境界就完全不同了，就给做砖活动注入了意义和价值感。

一句太常见的口号，"教师是人类灵魂的工程师"，已经为不少人所诟病；但是这句话曾经并依然激励着无数教师和师范生。如果我们可以理解教师的一举一动都在影响着他的孩子、他的学生，而且影响的好与坏都是影响；教育的意义不仅仅是教"书"，更是育人，那么在与人的灵魂发生关系时，我们就会有意培养和发挥自己的正能量。先哲柏拉图在其《会饮篇》中将人类的生育繁衍分为两类，一类叫"身体生育"，另一类叫"灵魂生育"。学生就是教师的"魂生子女"。在《自私的基因》（ *The Selfish Gene* ）这本名著里，理查德·道金斯（Richard Dawkins）把文化的传承概括为如生物上的基因遗传一样的"觅母"。学生在教师那里获得的文化教育影响，就等于学生从教师那里遗传了"文化觅母"。在这个意义上，说学生就是教师的"魂生子女"也不为过，也可以说教师是学生"生命与灵魂的塑造者"。这样的解读，就把教师庸常的工作意义和价值提升出来了。

对于学生而言，如何解读"教育世界"同样重要。比如说师生关系，是"雇佣"的买卖商品关系，还是情感生命交融的"父子关系"，或者平等的"伙伴关系"？这种解读直接影响了学生与教师的互动、学习中和生活中的行为方式和结果。同一个世界，因为解读的不同，行为和策略就形态各异。如果解读成是雇佣关系，教师上课即来，下课走人即可，学生爱听不听，那是他们自己的事。离开了教室或者学校，师生再见了面，形同路人，因为雇佣关系已经结束。这样的商业模式的"教育世界"不是教育家们眼里健康的、正常的"教育世界"，这是无疑的。同样，当师生关系被解读为"师徒父子"关系模式时，父亲式的权威就会在学生心中产生，从而有些话就不会对老师说，因为他是"父亲"。如果是亲密的平等"伙伴关系"，则是另外一种可谈心的朋友，可谈论的内容和领域就又不一样了。

再比如在教学内容上，有的老师为拓展学生视野，把不少课外的阅读材料和知识带到课堂，虽然没有对学生提高考分起到立竿见影的帮助，但是对提高其人文素养和审美品位很有益。不过，不同觉解程度的学生反应会很不一样。有人就把教育理解为"考高分的工具"，那么他们就会把一切看似与考试无关或不能帮助考高分的教师活动都视为"不务正业"，不可接受，那样的老师自然在他们眼里也不受欢迎；但是一个把"教育世界"理解为提高自身素质的地方而不仅仅是为考试作准备的地方的学生，则会很欢迎这样的课堂和老师。

作为教育世界的一个重要角色，家长对"教育世界"的解读关系到他们认同什么样的学校和老师，也在很大程度上影响到孩子对"教育世界"的解读。如果一个家长认为教育就是为了升学考试，其他都不重要，那么他就很可能为孩子选一个以考分高而出名的"名校"。像衡水中学就很出名，因为他们考上北大清华的人多，所以为许多家长所认同。即使有些学生因为紧张的军事化管理，三年都没有脱衣服睡觉也没有关系，牺牲也是值得的、应该的。有的家长，如果孩子考了第二名就觉得孩子考得还不够好，而有的家长，孩子考到前十名就觉得已经很好了，还劝孩子，咱别那么使劲，留点精力干点别的——旅行、课外阅读、与朋友戏耍等等。这样两类家长因为对"教育世界"的解读不同，从而境界也不同，孩子的行为和性格就打上了不同的烙印。

做到"教育自觉"的高层次的解读，必须是以对教育有一定的正确认识为基础。而对教育的正确认识是一个逐渐形成的过程，不管是老师、学生、还是家长。但是教师最重要，教师是家长和学生眼里的专家，现代社会是需要信任专家系统的。就如同进入医院，虽然重大病例需要几家共同诊断确诊，但最终还是得听医生的。教师是教育理念传播的主要角色。我们不能寄希望于家长们都读过教育学和心理学著作，都是教育家，更不能寄希望于学生自己凭空就有对"教育世界"的正确解读。所以，主要还得靠教师和一线教育工作者，他们中间的骨干分子要成为真正的引领教育方向的教育家。教育是生命和灵魂成长的事业，而不仅仅是知识的传授，韩愈的"师者，所以传道授业解惑也"大抵还是对的。

作为最关键角色的教师们，如何才能实现对"教育世界"的高境界的解读，赋予教育世界的一切活动以意义和价值，把教育和生命与灵魂的成长交融在一起？从主客双方互动的实践论看，还是一线的教育实践和读书读人的努力共同作用才好。在教育界，尤其在教师中，本不应该缺乏读书人，但是事实却并不令人乐观——许多教师不读书。读书可以丰富我们解读"生活世界"，而不仅仅是"教育世界"。如果一个教师只把自己的职业解读为"教书匠"，而且不求进步，不读书，不反思教育教学活动和现象，或者无力反思，是很难实现对"教育世界"的高层次的觉解和解读的，甚至钝挫的神经会使其对周围的世界视若无睹，产生不了任何意义，取得不了任何价值感。

意义是需要经过解读赋予的，对"教育世界"诸种现象和活动的解读，要符合教育之道，需要才、学、识！

"第 × 名现象"是个伪问题

　　自从有人提出所谓的"第十名现象"后，就不断地遇到对教育中"第 × 名现象"的讨论文字——不管是前三名、第十名，还是第六名、第七名等等，还有的立项做起研究来。研究者最忌讳的是研究的是一个伪问题，而这个"第 × 名现象"恰好就是一个伪问题。

　　"第 × 名现象"的始作俑者是杭州天长小学教师周武，他描述"第十名现象"说，小学期间的"尖子"生有相当一部分，在进入初中、高中、大学乃至工作一段时间后就淡出了"优秀"之列，而许多名列第十名左右的学生在后来的学习和工作中却出人意料地出色。杨德广校长则对前三名学生的缺陷列出一个单子，从学习知识面窄，到人际社会交往技能差，到身体健康状况差，等等。这些都是"尖子"生一股脑钻进课本付出的代价。郑伟老师在《我的女儿第七名》的博文里引用林青玄的例子，大概是林幼年时有一次考了 60 分，他的父亲看了很高兴，说能及格就不错了。他的名次是 27 名，而班上只有 27人。郑老师告诉家长们，孩子能考个 7 ～ 27 名就行了，别为了挤进前六名而牺牲掉个性、幸福和健康等等。

先来看看，这里都在关注什么？是排名。不管是第一名、第十名，还是最后一名。而学生的分数排名，只要存在，就必然会有第一名和倒数第一名。自古以来，"状元"就是第一名。因为其"光耀门楣"的重大社会效应，造成了国人几乎深入骨髓的"状元情结"。所以，我认为，时下讨论的所谓"第×名现象"，本质上还是"状元情结"在作怪。为什么我们不能像美国学校那样，把学生的分数和排名作为学生的私密信息保护起来呢？这样，就不会出现你追我赶拼分数、争排名的残酷竞争现象了，因为失去了身边的直接参照系。

美国经济学家罗伯特·弗兰克（Robert H. Frank）对位置性物品带来的负面代价有独到的研究。分数排名就是这种位置性物品。他从社会生物学的角度，尤其是达尔文的竞争思想出发，认为只要存在这种位置性物品，就必然会有种内竞争，由此造成为了追求个体的利益而牺牲群体利益的矛盾。比如雄孔雀漂亮的大尾巴，有漂亮的大尾巴的雄孔雀就可以得到配偶，繁衍后代；但是对于群体而言，这个大尾巴就对生存带来了危害——逃避天敌更困难。大家都别有那么大的尾巴，都小些，对大家都有好处。可是单个个体，谁愿意这么做呢？自己这么做，别人不这么做，就只有被淘汰的份。这就是个体利益造成了群体代价。我们的考试排名也有这个困境，大家都把学习时间减少些，发展点其他爱好和兴趣，锻炼身体，不更好吗？可是，有几家家长会看到人家孩子在学习，自己孩子不学习而不焦虑的呢？因为大家都盯着排名呢，能不焦虑吗？我们能不能不搞那么多大考小考的排名呢？我们大学招生（尤其是北大、清华），能不能不只看"高考分数"呢？讨论这个问题不是这里的任务，就此打住。

你把"第×名现象"和后来的成就联系起来，是把哪个阶段哪个年级的"第×名"和后来的成绩相联系来看呢？班级人数不同，个人排名一年之内变动，不同年间变动，不同学科成绩也不均衡，还有是否留级过等诸多因素，你算哪个？如果凭总体感觉来论，谁的感觉？你要说某个学生后来的成绩，是对照他小学一年级的成绩，小学五年级的成绩，还是初中三年级的成绩来衡量？"后来的成绩"是看他30岁时候的成绩，40岁时候的贡献，还是50岁时候的成就？所以，很笼统地说"第×名现象"是不合乎逻辑和事实的问题。

把"第×名"与后来成绩联系起来还存在一个选择性的问题，排名可能是个选择性的结果，从而使影响排名和后来成就的关系的并不是学习本身，而是其他因素。比如，有些人天生性格就是这样，他就要拿第一名，或者前三名，他愿意牺牲其他方面的兴趣和爱好；有些人就没有这些性格特点。这在基因遗传学研究上是有依据的。而这种拼命拿第一的性格可能恰恰不适合于后来的学习或者工作。任何一个阶段的表现，都是这个人的天生个性倾向和当时环境互动的产物，这是达尔文理论中适者生存的理念。适合中小学那个学习环境可以成为"尖子"生的，换了一个环境，可能就不适应了，就表现不好了。统计学上特别注意这种选择性误差。比如，上大学可以收入高。但是，是不是因为上了大学才收入高的呢？可能因为具有某种性格的人被考大学这一关筛选出来了，正是这种性格带来的工作上的优秀表现和高收入。因此即使退一步说，某人小学时候"第×名"与后来取得的成绩的确有联系，而其中的原因也很可能找错了。

再一个就是，每个人的智商不同，学习效率不同。有些人考了第一名，可能比那个考了第十名的学生更轻松，其他兴趣和爱好发展得更好。前者我见过不少，后者也见过不少，有人即使牺牲掉兴趣、爱好等等，也不可能考到前列。有人为了佐证"第十名现象"，拿爱因斯坦作为例子，这很没有代表性，因为我同样可以举出数学天才陶哲轩，他是继丘成桐之后第二个获得数学界最高奖费尔茨奖的华人。这些都无法证实这个问题，当然也无法证伪，因为这本身就是个伪问题。

有人拿比尔·盖茨举例。这个例子更特殊了，盖茨创业中的一系列幸运，他本人都承认，许多人有他的天分，也够努力，但就是没有他的好运气。也因此，他把许多资产捐献给社会，作为社会给他成就的一系列好运气的回报。罗伯特·弗兰克在其新著《达尔文经济学：自由、竞争与共同物品》(*The Darwin Economy: Liberty, Competition, and the Common Good*)

中专章讨论成功与运气和能力的问题，盖茨也被拿来当作例子了。弗兰克认为，成功人士通常过高地估计了自己的能力和努力，也更低地估计了他人不能够成功的运气因素。所以，中小学的"第×名"与后来事业成功与否、成就大小建立不起来简单的因果关系，其中的影响因素太复杂。把事实上是伪问题的"第×名现象"生硬地与后来的成绩联系起来，尤其让人感觉似乎前者是因后者是果，有很大的误导作用。

与诸多对教育持批评态度的人士一样，笔者对当下的教育现状也是非常不满。但是，在寻找具体问题的时候，如果提出的是伪问题，不仅于事无补，还会带来更多的问题。比如，对"第×名现象"问题的讨论，就掩盖了对排名问题本身的关注和批评。再者，也让一些懒惰的学生为自己的不学习找到了借口。实际上关键不在于某个学生考了多少分，排到第几名，而在于该生的生活和学习状态如何，是否是健康向上、活泼自由、全面地发展，而不是成为分数和排名的"奴隶"。所以，希望本文能够引起教育界人士、家长和学生们正确认识"第×名现象"这个伪问题，避免被误导。

永师杂忆

在这次离开家乡远行之前，去看望了原永城师范学校校长杨永华先生。年近 80 岁的杨先生，精神很好，在筹备高中同学聚会，老同学有的从内蒙古，有的从青海等地过来。而今年也正好是我从原永城师范学校毕业 20 周年，同班同学在讨论 20 周年聚会的事情。这些都不由得勾起我对中师母校的回忆。我们现在的学校生活，多年以后，也是这些活泼可爱的学生们将来回忆母校的资源。为了学生明天的美好回忆，我们怎能不尽力营造一个美好的校园和学校生活环境呢！

郑也夫先生在回忆自己的母校时曾说过，"无论哪个时代，哪个社会，'母校'几乎都意味着美好，甚至近乎神圣的回忆。"这话我是很有体会的。尤其是近些年来，远在他乡，对故乡和母校的回忆更是常入梦中。

我是 1991 年考上永城师范的。那年的中招考试作文题目是"生日"，而那天正好是"党的生日"——建党 70 周年。那次考试，也是我第一次进县城，而且因为错过了学校的包车，父亲骑着自行车把我送去的。后来面试是我第二次进县城。面试的时候，记得是张玉展老师让我唱首歌，我不会唱几首歌，以前从来没有上过音乐课，国歌还算可以唱，所以就唱了这首。然后让我跟着他打拍子，看节奏感，我的节奏感还不错。大概因为美术考试时那个"碗"画得不够好。不管怎样，我就这样被录进了二班，五个班级中的音乐班。9月1日入学，之后复试，再之后回家等通知。中旬再入学，才正式成为了永师的一名成员。那是多么令人高兴的事情！

进入永师之后，遇到的挑战与高中生们不同，是对教师的各方面素质和技能的要求。比如普通话，同学们说的标准程度差别很大，可以说是南腔北调。当时纪律很严，有同学在厕所没有说普通话被人发现，扣分罚钱了。我就更紧张了，下了好大的劲来学习。这才有后来到外面的世界后，与人沟通的便利。音乐课也是令我很头疼的课程之一，虽然我很向往学习些音乐知识和弹奏风琴，可是张玉展老师上课让我对着五线谱试唱时，我总是调子不知道什么时候跑到哪里去了，甚至一张口就跑了，张老师便会说"又跑了"，常常逗得老师和同学哄堂大笑，而我依然不觉到底怎么就唱跑了。但是年轻的张老师与同学们年龄相差不大，很随和，很有耐心，我们都很喜欢上他的课。也正是在他的课上，我开始了三年的音乐学习之旅。20多年过去了，有次在美国，我在钢琴上弹了一首老歌，一个老外朋友发现我还有这样的音乐素养，连连夸奖，没想到陈博士还会弹琴。

　　文化课于我而言，通常不太费力，可是体育课比音乐课更让我感到吃力。一开始就是耿克臣老师担任我班体育老师，耿老师给我的印象极好，虽然我不是很喜欢体育课，而且在体育上一无所长，但是我还是很喜欢他上的体育课。耿老师的严格要求让我们吃了不少苦头。我以前没有上过体育课，中师面试才第一次看见人家校园里还有环形跑道、单杠、双杠、吊环之类。第一学年结束，期末考试有三角倒立，我那村里的大小男孩大概都很容易就会做了，附近村里经常有少林武术班，而我从小不好动，我弟弟会的比如倒立翻筋斗之类，我都不会。那时候哪里想到，数年后这会是必考体育项目。耿老师要求我们必须在垫子上倒立起来，而且要坚持到一定时间才算及格。不会的不止我一个，于是大家每天把铺床的棕榈垫子揭下来，放在马路上练习。倒立对平衡和力道要求较高，稍不平衡就立不起来，或者稍微用力过大就摔过去了。东摔西摔，不知道挨了多少摔，终于练会了，过关了。到现在，我依然可以把这个动作做好，而且比当时还好。更重要的是，这让我认识到，自己有着许多的潜力有待开发，许多事情没有想象的那么困难。如果不是耿老师的严格要求，我觉得我这辈子也练不会这个动作，认识不到不爱动的自己，还能练成倒立的功夫。真是感谢耿老师！还有他教的太极拳，后来到了大学，我不仅免考，而且每天带着同学，教他们练太极拳。

　　在众多的文化课中，我印象比较深的一门是王士亮老师的美学课，其实是美育课，叫美学教育。因为一年级的时候，生物课老师宋思超忙不过来，我班上了几节生物课后就不上了（后来也一直没有上），于是改成了王士亮老师的美育课。这个课，一开始王老师就让学生回答，"你认为什么是美？美的实质是什么？"从此，我就不断地在思考这个问题，即使后来看了李泽厚的《美的历程》等书，这个最根本的美学问题依然萦绕在我脑际，也使我观察自然和社会的时候，多了一个思考的维度。这次与同班老同学刘向光聊到，他后来还差点念了美学研究生，广告设计还拿了奖呢。我想这个美育课对他一定是有影响的。我看五中校刊《心舞》杂志上有刘德元老师关于"教育美"的文章，看来，思考美学蕴涵也是教育者不可或缺的。

永师的体育活动设施，虽然现在看来比较简陋，四百米的灰渣跑道，普通得不能再普通的篮球场，还有水泥乒乓球台。但是这些都给我们留下了很深的印象。我好久都没有打过乒乓球，连怎样拿拍子都不会。后来，我的同学下决心，非要我跟她打乒乓球，从如何拿拍开始。这个强迫性的要求，让我难却"盛情"。尽管现在依然打不好乒乓球，但是，与同样水平的人打起来，至少不至于拿拍都不会。而且，那也成了学校生活、同学友谊的一个美好回忆。跑道虽然那样朴素，可是那里却是我们青春年华的见证地。一年又一年，整齐的队伍，高喊着"加强体育锻炼，提高身体素质"的春季运动会，还有广播操比赛、太极拳比赛、体育达标测试等等，都是在那里进行的。

十年前，毕业十周年回母校，看到的跑道已经荒草丛生，而那个被风雨侵蚀了多年的体育比赛计时台依然还在，似乎在诉说着曾经的历史和时间的沧桑！

花季是个爱做梦的季节，文学爱好成为校园一道亮丽的风景。学校里有文学社团，我班里在文选教师刘秀兰的带领下，还组织了"未名诗社"，开始写起了朦胧诗。后来在永城的《杏花雨》文学社副刊，我还发表过一篇短小的现代哲理诗。写诗也成了我的一个业余爱好，后来还开始写古体诗，其中三首经河南诗词学会副会长王国钦先生修改，刊发在了2013年年底由河南文艺出版社出版的《河南当代诗词选（续）》。我的写作在永师时有了很大的进步。刚入永师时，我参加了校园记者招新考试，但是没有被录取，说明当时我的文字功底不深。这里的文学氛围，三年里对我进行了润物无声的熏陶。

永师的毕业生，现在是我们家乡基础教育的中坚力量，那个时代特殊的一群青涩少年，如今都已到中年，或者在步入中年。在回忆中，大概都难忘那毕业时刻的班级合影，以大门口内的松树为背景的过塑照片，定格了一个时代，也定格了一群懵懂少年开始步入人生和社会大舞台的一道风景。当我拿出这张老照片回忆母校往事的时候，总是情不自禁地眼含泪水。

难以忘记，舍友深冬晚上回来，轻轻地把棉大衣盖在我的薄棉被上；难以忘记，王引河畔同学一起读书、谈天，意气风发激扬文字的时光；难以忘记，老师们的殷殷期待与慈祥的目

光；难以忘记，跟班走了三年的班主任侯思超老师为这个班级
倾注的激情和辛苦；难以忘记，一句"你成为了永师人，将成
为永师的骄傲"的鼓励话语……

关于永师的美好记忆还有很多很多，每个回忆都见证着我
们的成长。于我而言，20年前的这些回忆，都浸入了最深的
记忆。早年生活的记忆，属于"童年经验"，不管是否是美好
的，都与人一生相伴，深入骨髓。如今我们大都走上了三尺讲
台，为人师表。多年以后，我们的学生在回忆他们母校生活的
时候，是否会有许多美好的回忆，是我们在回忆母校往事的同
时，需要思考的，也许从中可以有所启发！

天地有大美

　　庄子说，天地有大美。天地是一个潜藏丰富智慧的大课堂。我们比较熟悉的是，牛顿从苹果落地获得启发，提出了万有引力定律。其实，即使是观云听风，依然可以给人开悟和产生创作灵感的契机。中国古人就是从仰观天文俯察地理中获取知识和智慧的。旅美华人，著名作曲家周文中先生在《景与声：一个回忆》里，给我们讲述了一些他在天地大课堂里，通过观看云彩的变幻和谛听高峰的山风等，启发了自己后来的音乐创作的故事。

　　周文中先生毕业于美国哥伦比亚大学，与音乐大师埃德加·瓦雷兹亦师亦友，其作品曾获得洛克菲勒文艺奖等多项大奖，1982年当选为美国文学艺术院终身院士，代表作有管弦乐曲《花月正春风》《山水》《花落知多少》《渔歌》以及钢琴曲《阳关三叠》等。

　　周文中先生在少年时期，常常躺在草地上目视天上的云，为云彩慢慢地聚集和变幻的情景所着迷，还曾因此被父亲误解为偷懒而遭到斥责。那时的他，并没有意识到"这可能就是中国画家、书法家惯于学习艺术的方法"。他上大学，是在桂林城外一处破损的花园里，那里的环境仿佛中国的山水画。在日军轰炸的间隙，他自己找到一些乐子，"日落的时候，我坐在校园里的桥栏杆上，能够一连几个小时看着木樨树上色彩的变幻及其在水上飘动的影子"。这种变幻的意境，后来都成了灵感来源，体现在了他的音乐创作里。

除了观察云彩和树影的变幻，他还十分留意大自然的风之声。抗日战争时期，他跟着一群年轻人逃难，要穿过日本敌占区，在翻越浙江省的天台山时，"我突然发现自己是在被山峰和松树划破了的白云之上。我被从四面八方呼啸而来的风声所征服。没有迷人的旋律，没有甜美的和声，也没有波浪起伏的复调，但却有着纯洁高尚的音乐——也许就是老子、庄子喜欢的那种音乐吧"。这种声音深深地印在他的记忆里，也如同观看的云，融入到他后来的音乐创作中。观云听风的时候，他从来没有想到自己后来会从事音乐创作，而这些云的变幻和风的自然之声会在多年后启发自己音乐创作的灵感。

在学习生活中，在自然的环境这个天地大课堂里，似乎随时都有周文中先生可以学习的地方。逃到湖南大后方的时候，没有学习条件，周文中只有父亲的一些诗集，于是，"我常在一个能看到一些香蕉树的窗户边读书，并聆听雨水滴落在树叶上的声音。那时，我意识到这就是东方尚未遇到西方之前，许多中国诗人所做的。因此我学着中国艺术家的传统做法，第一次给自己取了个笔名，叫'听风山人'"。

不管是天上的云、山间的风，还是窗外的雨，都成了周文中先生艺术学习的老师，成了他后来音乐创作的灵感来源。正是周先生这种东方美学和哲学的思想积淀，才成就了他这位把中西音乐结合在一起的杰出华人作曲家，使他与建筑学家贝聿铭齐名，成为美国华人中令人骄傲的艺术大师。

《景与声：一个回忆》收录在纪念周文中先生90华诞的《汇流：周文中音乐文集》（上海音乐学院出版社2013年版）中，由青年作曲家梁雷主编。而梁雷先生与周先生一样，也是注意从天地大课堂汲取智慧的音乐家。比如，他念书的时候曾在纽约一家佛寺学习禅修。一天晚上，当他独自在湖边散步时，忽然看到水面上有一个"V"字形在漂浮扩展，原来那是一只水獭在月光下游泳。这个现象启发了他察看自己与声音的关系——"在我谱写的音符下面，总隐藏着一种幽深的无声，音乐是我试图通过声音在无声的水面上书写我思想的痕迹"。

岂可忽视"美盲"

31年前，画家吴冠中先生在《北京晚报》发表过一篇《美盲要比文盲多》的文章，认为中国的美盲比文盲多。吴先生讲了几个小故事，其中一个是在被称为"小三峡"的大宁河的旅游船上，几对青年男女全然无视两岸如诗如画的美景，各自捧着小人书看。11年前，吴先生大概是看到了"美盲"现象没有改观，又写了一篇《再说"美盲要比文盲多"》。吴先生说："我说美盲要比文盲多，是千真万确的。溯其源，我们从童年时代便遗忘了美育教学。"我在中小学时，是没有上过音乐和美术课的，艺术教育一片空白。幸好后来念了中师，音乐、体育和美术课全有了，现在还能想起来我开始上音乐课时，一唱歌就跑调。那么20多年之后，现在的中小学艺术教育如何呢？城市里一直比乡村好，而且好得多。多年来，乡村学校的艺术教育几乎一直是空白。我的朋友们告诉我，和当年一样，没有音乐和美术的教育。在高考的指挥棒下，这些课程全被挤掉了，因为"不实用"，如果不打算考艺术院校的话，考试不占分。

我到美国的第一个感恩节，社会学理论课教授把几个国际学生邀到家里过节，饭后教授和其长女为我们表演了几首小提琴合奏曲，虽然我不懂西洋乐曲，但还是能感受到其动人之美。后来在不同场合又领略了其他教授们的艺术修养。同时我也发现，学生们经常带着大大小小不同的乐器穿梭于校园，他们是不同俱乐部的成员。于是我就开始留心美国的艺术教育。这里的幼儿园课程中，音乐和绘画是每天必不可少的。在美国小学里，每个学生到了三年级，都要选学一门乐器，参加学校的乐队，并参加一些节日庆典等演出活动。这些都是普及性的艺术教育，而不是专业性的职业教育。到了大学，有艺术系，外系的学生可以选修该系的课程。

说艺术教育不实用，是一种庸俗的实用主义。不能当饭吃的，就都没有用。根据科学研究，艺术教育可以给学生带来许多的好处，比如提高想象力、注意力、自信心以及团队合作能力。李政道先生就研究过科学和艺术，通过比较认为"科学与艺术同属感情创造或创造性感情的事业"。美育不仅有助于智育发展，还有助于科学思考。蔡元培先生早就要我们重视美育，要以美育代替宗教，解决人们的信仰问题。所以，美育也有德育代替不了的益处。

我们曾经为了扫除文盲下了一番大力气。现在美盲比文盲多了，美盲的问题就不可忽视了。如果仅仅是看小人书而忽视两岸美景这样的"不懂美"的小青年，也无损于祖国的大好河山。可是，如果大量的美盲小青年拥有了规划城市、改造河山的大大小小的职权，则会让我们这个泱泱大国铺天盖地地呈现出一派暴发户的庸俗风格。因此扫除美盲甚为迫切。首先，要在态度上重视。美国对中小学艺术教育的重视，甚至总统都插手过问，更不用说各地方长官。其次，要有政策上的规定。美国有 47 个州对艺术教育作了强制硬性规定，40 个州把艺术教育纳入高中生毕业考核内容。再次，就是执行问题。我们的教育纲要也有相应的要求，但是往往执行不力。最后，就是资金问题。艺术教育往往花费较大，比如纸张、笔墨、画笔、乐器等。在我的中小学生活里，我只见过学生自己买的口琴。

对于学校艺术教育，城市里有很多优势，比如艺术博物馆、城市象征性建筑、公园、广场等，都有着很好的丰富的审美教育的材料。其实，乡村也有自己的天然优势，那就是大自然本身之美，比如空旷的原野，无边的花海。其实生活中充满了美，需要有心人去发现、诠释。要从中小学，甚至幼儿园开始潜移默化，扫除美盲，师资无疑是重中之重了。这种艺术的审美，开始要有具备很好的美学修养的老师来引导。吴冠中先生举的例子足以说明这个问题：

　　那天正是清明节，成群的小学生到烈士陵园扫墓后又打着红旗顺路来参观汉画馆，嘻嘻闹闹而来，嘈嘈杂杂而去，扬起了满馆飞尘。孩子们见到了什么呢？我沉默于回忆中：青年时代在法国留学，我的法语很差，听学院的美术史课只能听懂一半，很苦恼。有一回在卢浮宫，遇到一位小学教师正在给孩子们讲希腊雕刻，她讲得慢，吐字清晰，不仅讲史，更着重艺术，分析造型，深入浅出，很有水平。我一直跟着听，完全听懂了，很佩服这位青年女教师的艺术修养。

这里参观南阳汉画馆和法国卢浮宫的领队老师的对比，颇值得寻味。参观汉画馆的领队老师显然没有向学生们讲解汉画馆的画，而这位法国小学教师，就对希腊雕刻做了精彩的讲解。相信，两群孩子参观后的审美收获肯定不同。我们需要的，正是那位法国小学教师一样的老师。

立于礼，成于乐。中国古圣贤都重视艺术教育，它能教化普罗大众，启迪人们美的心灵。中华灿烂的古代文明都是以"郁郁乎文哉"的审美意识为基石的。在中华民族走向复兴的今天，我们的教育岂能忽视大量"美盲"的存在？！

好教师的价值

教育转型：从培养雇员到创业者

最近读到一本名叫《反教育时代》(*The Anti-Education Era: Creating Smarter Students through Digital Learning*) 的书，里边把人的能力理解为把人和工具放在一起的综合力量。这与中国先贤荀子所说的"君子生非异也，善假于物也"有异曲同工之妙。虽然没有明确说明，但是从诸多研究发现，我们可以这样重新定义人的才能，即"才能＝人＋工具"，这个公式对人的才能给出了一个新的视角，对我们理解教育和人才很有启发意义。当才能被理解为人与工具的有机组合时，就更容易理解当今时代的教育与创新人才培养的问题了。

我们处在一个世界大转型的时代。为顺应时代的需要，教育也在面临大转变，就是顺应社会对创新人才的需求，教育范式应该从传统的"培养雇员模式"向"培养创业者模式"转变。美国俄勒冈大学赵勇教授在《世界级的学习者》一书中认为，现代教育提供的是自工业革命以来适应标准化生产流程的雇员的教育。培养雇员的教育模式是对已有的知识和技能进行教育和培训，学习的都是对已知问题的解决能力，也是对已知方法的学习。而现代社会是一个变化很快的社会，原来的培养雇员的模式已经不再适用于现代社会，学校里学习的东西很快就过时了。我们面对的是一个自己寻找机会发明新产品、解决新问题的社会。这种能力，就需要想象力来把人与工具的组合不断重新匹配。譬如，电脑作为工具，原来是"计算机"，就是用于帮助人们计算的工具。但是，人们并不满足于停留在计算上，就开始让"电脑"来帮助人脑处理事务，比如储存信息、处理分析数据、搜索信息、网上论坛交流信息等。这就是让人的才能随着人与工具的不断重新组合来发挥工具的作用，从而提升人的才能，而这种才能必须是与工具匹配的。所以，在培养雇员的教育模式下，人不是没有能力，但是他们掌握的知识和技能一旦与新工具不匹配了，这些才能就失效了。在才能的应用性定义上，他们已经不再符合"才能"的定义。因为才能是"人＋工具"。当工具一方无人再用了，与之匹配的人的知识和技能随之失去才能的意义。工具的变化（社会环境本身也可以理解为"工具"，因为其可以与人配合起来实现一定的目标和完成任务）导致人们必须有一种能力来与之匹配，组合成新的才能。工具不断变化就意味着才能不断重组，创新在很大程度上是一种重组。

当今世界，对创造性人才的重视前所未有。很多国际组织都发布报告，强调创新精神的重要性，创业精神是创新精神的突出体现。比如世界经济论坛说："改革和创新精神为解决21

世纪全球面临的巨大挑战提供了方法，它促进了可持续发展，提供了就业机会，恢复经济增长和提高人类福祉。"创业精神不仅属于经济领域，而且扩大到了社会和政策领域，社会企业家们能及时发现社会问题，并且运用创新的原则去推动社会变革；政策型创业者则能够从政策层面上为公共机构和政府部门的内部带来改进和革新。

对学校教育而言，考试成绩与创新能力的反向关系，很值得我们深思。虽然说所有的学校教育都在不同程度上抑制了创造力和创新精神的发展，但程度并不相同，这也或多或少地说明了创新活动在全球不同国家和地区的不平衡分布。在国际学生评估项目（PISA）和国际数学与科学评测趋势（TIMSS）考试中取得高分的国家和地区，像新加坡、日本、韩国，以及中国台湾地区，在2011年全球创新观察报告中显示的创新信心指数就大大低于澳大利亚、英国和美国。考试成绩不管是数学、阅读、科学，都与创新能力呈现负相关。正如赵勇所说："这种现象说明了善于制造高分的教育体系通常会导致学生创新活动减少和创新能力低下；同时，也说明了制造高分的教育机制或许会导致创新精神的缺失。"有意思的是，这项研究还显示，学习成绩好的学生，学习热情和信心反而变低了。比如数学考试成绩很高的国家的学生，在学习数学的热情和信心上反而很低，让人觉得好像那些考试成绩低的孩子没有自知之明，盲目地自信。可见，只学会了考试的学生，反而对学习缺乏热情和信心，未来不太可能富有创新精神。

那么创新能力是否能够通过教育系统化地培养呢？北京大学郑也夫教授在《吾国教育病理》一书中曾就创新能力有很精彩的分析。根据郑也夫的分析，创新能力和创新人才都是稀缺的，原因在于，在人类的漫长进化过程中，由于环境的相对稳定，模仿学习在生存中起着关键作用。也因此，在基因层次上，经过自然选择下来的往往是模仿能力很好的人。既然如此，也说明教育培养大量创新人才的责任似乎是"不能承担之重"。同时，因为我们在认知上，对于如何培养创新人才都是不清楚的。更加确定的是，我们知道如何毁灭那些创新人才。所以要培养创新人才，教育范式必须要转变："在这个范式中最主要的就是要有多样性的教育生态，并尽可能创造空间，让教育为学生兴趣和才能驱动，提供创造的土壤，而不是传统的传道授业，要让学生悟道，自己发展才能。"

如果我们也想让自己的创新人才可以出现"惊喜"，就应该在教育上适度放权。人人都有创新天性，只不过领域和程度不同。多样性教育生态可以让不同的学生尽可能地找到自己的创造天赋以及可以发掘的环境和条件。

美国公众对学校的期待

　　美国家长对学校的期待是什么？美国盖洛普咨询公司最近发布了调查结果：大多数美国人认为，现在的学校应该教学生"软技能"。这些"软技能"中，排名前两位的是"批判性思维"和"沟通技能"，强烈同意前者的人占到80%，同意后者的占到78%，明显高于排在第三名的"教学生设定有意义的目标"（64%）。

　　这个调查结果并不让人意外，因为美国教育主流强调要培养学生的批判性思维和沟通技能。从大的层面来说，批评性思维是一个合格公民的必备能力。沟通交流是正常的工作和学习必备的技能，尤其是在信息发达的现代社会，良好的沟通能力至关重要。批判性思维是让一个人学会提出问题，独立判断，敢于质疑任何权威，从繁杂信息和观点中梳理出自己的逻辑与实践统一的观点的能力。从美国的中小学一直到大学，批判性阅读和写作都是很重要的训练内容。

　　对于学生而言，最能体现他们批判性思维和沟通交流能力的就在于听说读写这几个方面。听和说是一对双胞胎，通常听与说为一体，交流的内容和过程就体现出一个人是否具备批判性思维和良好的沟通能力。美国的学校在这个方面，是从娃娃抓起的：让孩子在小朋友面前介绍自己的家庭成员，讲解自己的小制作，其他小朋友可以提出问题，或者改进意见。

在另一个意义上，读和写比听与说更重要。听与说的对象和范围都比较受限制，而读和写不一样。读可以是读古人的书，与古人对话，可以是读外国人的书，与外国人对话；写的文字也可以传递给很多的人。因此，在读和写方面，培养学生的批判性思维和沟通能力就显得更为重要。

2013年12月，《哈佛商业评论》上曾发表过一篇文章（*You May Not Need Big Data After All*），认为数据本身并不能让我们作出正确的决策，只有具有分析数据能力的人才能把数据转换成我们决策的依据。而事实上，许多人并不具备这个能力。数据分析能力本身就是批判性思维的一个方面。在众多的数据里，能够提出有意义的问题，能够找到解决这个问题的思路，能够对日常的习惯提出质疑，就是这种批判性思维能力的体现。而且，从数据里获得有用信息后，还要有好的沟通和交流能力，并写出分析结果，形成论文或者报告提交给决策部门，才能把这个分析用于决策。

关于家长对学校的期待，除了上面美国人强烈同意的三点外，还有几点强烈同意的百分比都超过50%："学校应该知道如何激励学生"占61%，"培养学生的创新能力"占58%，

"教学生如何协作"占 57%，"提高学生的幸福感"占 54%，"形成学生的性格"占 51%。

　　盖洛普咨询公司的这个报告显示了美国公众对学校教育的期待，同时也给中国的家长与学校提供了一些参考。我们的家长对学校的期待是什么，我们的学校是如何反应的。在升学竞争激烈的当下，我们的学校是否也能把培养学生的批判性思维和沟通交流等"软技能"放在重要位置，我们的家长是否也有这样的期待，而不是把考试分数和班级排名放在优先位置。

美国好教师的三大法宝

如何才能做一名好教师？由于每个人情况、经历各不相同，答案也不尽相同。但是，好教师还是有诸多共同之处。

美国每年都要评选出国家年度教师，由总统颁奖。2009年，威廉姆·唐恩（William Towne）出版了一本访谈年度教师的书——《与美国最好教师的对话》（*Conversations with American's Best Teachers*），哈佛大学教育研究生院院长凯瑟琳·麦卡特尼（Kathleen McCartney）为此书作序。在序言中，麦卡特尼总结了这些教师成为好教师的共同经验，即成为好教师的三大法宝。

法宝一，积极地培养师生共有的责任感。在一个班级中，有些事情因为分工不同，每个人承担的责任也不同，但是，作为这个班级的师生，要形成人人为班级的良好运转负责任的意识。如何培养这种责任意识？让学生自己来制定班规，进行班级管理。结果，这些学生最尊重他们自己制定的规则，一旦发现有违反者，就马上帮他改正。比如，某学生值日时，忘记了关窗户，其他师生看到后，要及时关上窗户，而不是因为不是自己值日而袖手旁观。

师生之间和同学之间一样，相互尊重、相互倾听，才能更好地相处。学生有特殊的需求，老师也尽量合理安排，实现学生的愿望。比如在社会学课上，一名学生想要做实地考察和社区服务，老师就满足了他的要求，尽管学生的这个要求不是老师的责任范围，但也要把这些作为师生共同的责任来看待，一起努力实现学生的学习愿望。在这样的班级中，师生一体，共同责任意识才能更强。

法宝二，找到个体化教学的办法。我们常说"因材施教"，换个更合适的说法应该是"因人施教"。许多好教师都承认，这是最难的工作。他们了解到学生在学习基础、方式、特长以及家庭支持等方面都很不一样。尽管有这样的挑战，但老师们很清楚，他们的工作就是要深入每个学生的内心，有一个学生掉队，他们都感到很痛苦。有位好教师在受访时谈道，有的学生家里发生了一些事情，导致上课不能注意听讲，作业无法按时完成，他了解后立即帮学生进行了补课。这个前提就是必须了解学生，才能理解学生。

法宝三，教师要努力与每个学生建立良好的关系，这是最重要的。许多好教师都认为，在学习之前，要关系先行，他们给学生无条件的爱和关怀。一位老师这样说：建立一种关系，让孩子知道我看到他了，如果他没有来，我会想念，我看重他们每个人在我生命中的价值。我如何才能做到呢？我要确保每次看他们时，我的眼中都是一种肯定的目光，对他们微笑。一位老师分享了自己的经验，他曾有个学生，不守规矩，总制造麻烦。于是他来到学生家里，和孩子一起下棋。通过下棋，师生间建立起了信任，该生也变成了一个优秀的好学生。在实践中，对每个学生都能这样做，确实是一个极大的挑战。不过，我相信，建立良好的师生关系是良好教学的前提。

由此可见，三个法宝的核心，都是把学生作为教师一切活动的中心。要让这三个法宝发挥其真正的作用，也是件不容易的事。这些好教师都有着至少20年的教龄，他们付出的辛苦可想而知。正如中国教育界比较熟知的雷夫·艾斯奎斯所说："极少有学生理解我所做出的牺牲，他们还仅仅是孩子。"我想，这种胸怀，也许正是做最好教师所必需的。

卓越之路：教师作为创新与统合者

在美国，教师通常要从教 20 年才能获得"国家年度教师"这一殊荣，但有一位教师比较与众不同，他只教了七年初二科学课程，就被评为"国家年度教师"，他就是来自俄勒冈州克鲁克县初中学校，2008 年被评为美国年度国家教师的迈克尔·盖森（Michael Geisen）。盖森毕业于华盛顿大学，他是如何脱颖而出取得成功的？

盖森对教育的热爱是首要原因。盖森很向往做教师，他认为做教师就可以每天把自己所学到的全部给予学生，为此他毕业后走上了从教生涯。有了这份对教育的热爱，盖森不断琢磨、探索如何把学生教好，更创造性地把科学与创新融为一体，让家长和师生都参与进来，并带动了学校和社区的发展。

他的教学方法中的很多好点子，有的是从他人那里学来的，更多的则源于他的灵感。他总是思考，怎样能够让学生快乐学习。用盖森一位学生的话说："如果他想的话，他会把观察草的生长弄得非常有趣。"所以，在一般人看来比较枯燥的科学课，在他那里如同艺术课，更准确地说，他将科学与艺术完美融合。

音乐、舞蹈、戏剧等都被融入科学课，成了学习科学的辅助工具。

举个例子来看看盖森是如何把艺术应用于科学课的。在给学生讲地球上四季的成因时，他以烧烤与肉片受热作比喻，在教室中间放上一个篝火支架，通过来回移动来看距离远近对热度的影响。他以此类比来让学生理解"为什么北美夏季这么热"，同时作出测量和分析。他让学生到网上去搜索不同季节太阳与地球的距离，利用技术还可以模拟太阳与地球不同地方的位置关系。最后发现，冬天虽然冷，可是距离太阳更近了一些，这与通常感觉的冬天离太阳更远了的直觉恰好相反。他还编了舞蹈，让学生沿着太阳在天空的轨迹手舞足蹈，为了加强关键词的记忆，还写了一首歌。通过多种多样的形式，他让学生在学习知识的过程中，产生了学习兴趣，理解和记忆能力也变得更好。

其次，盖森的团队组合是有效教学的一大诀窍。盖森很强调统合，作为教师，不仅要统合知识概念，把事实细节和每个概念放到一个大的图景中来理解，更要把教师和学生统合到一起，甚至整个社区都要统合在一起。与我们通常认为的不同，他作为科学教师不仅与同学科教师组成团队，共同研究如何做好教学，而且重视与语文和数学教师一起，组成一个年级团队，共同协助学生发展。他在一个采访中说，虽然一个刚上讲台的新教师，给他一位有丰富经验的老教师作为导师会有帮助，但更重要的是要组成各科教师的团队。这种团队的好处是，各科教师都可以对学生的知识背景和框架有个大致的了解，有助于他们对学生共同的评估和协调教学。比如盖森，作为科学教师，他可以在了解学生的同时，学习数学和语文的知识和技能，并思考作为科学课应该注意哪些，做到心中有数。因此，他的教学基本脱离教材，让知识点与自然社会融合在一起，这是他着力寻找的创新基点。他认为，只有让学生知道学习的东西与身边的事物有关联了，才容易引发他们的兴趣。他每年都组织学生举办"电子创新之夜"展览，并邀请家长一起分享孩子们的发明制作。

最后，盖森的教育理念在于把学生当作"人"，而不是工具或者数字。2008 年，盖森在白宫瑰园受领"国家年度教师"奖时，布什总统特别提到，在盖森任克鲁克初中科学部领导的三年时间里，学生的科学学科标准化测试达标率从 44% 提高到了80%，甚至更高。盖森在随后的发言中对此的回应是，孩子不是"测量的数字"。与那些只盯着分数的教师明显不同，盖森一再强调，教师要记住的不是教的科目，而是人。所以，教学的关键就是，与这些孩子建立独特的有意义的关系，帮助他们认识到自己的独特之处。他创新了许多教育教学手段去适应不同学习方式的孩子，他要让孩子养成学习的好习惯，受益一生。

从盖森的经验中，我们可以总结出：教师要做伟大的统合者，不仅要把知识点和概念统合到大的知识框架体系里，而且要把人与思想统合起来。统合是优秀教师教学最关键的艺术，而热爱正是这种统合背后的推动力。

维护好创新的"神经网络硬件"

我们都知道，孩子越小可塑性越大。这个现象背后的道理是什么？对我们的教育又会有什么样的启发？最近，美国心理学教授劳伦斯·斯坦伯格（Laurence Steinberg）在《纽约时报》对心理学和脑神经科学的相关研究作了概述。研究显示，处在青春期的学生的大脑具有高度的"弹性"，非常容易受到环境的影响，是最具可塑性的。到了20多岁，大脑的"弹性"就大幅降低，学生的好奇、探险、求新的欲望也会随之降低。而在这个时期塑造学生的哪方面，就为学生未来的发展奠定了哪方面的"硬件"基础，这也对能否打造一个丰富开放的大脑神经网络至关重要。

根据脑神经科学的研究，人脑快速成长的时期就如同疯长的神经丛林，大量过剩的神经元不断滋生，它们之间又形成大量链接。这些神经丛在大脑里一起成长，但相互竞争，争夺养分和空间，强者生存。什么样的神经丛，或者神经群会被选择生存下来？就是那些得到刺激而反复传递信息的神经元和突触，它们不断被强化，形成有效的神经网络；而那些没有被刺激和使用的，则几乎未见天日就销声匿迹，成不了气候。这个过程大约到十七八岁时完成。

这些研究旨在告诉我们的教育工作者，在中小学时期，对该给学生什么样的教育，必须把好关，这与我们能否培养出多方面的人才密切相关。如今，我们的基础教育被一些人称作"刷题"教育，学生通过不断重复做题，形成对不同题型的"条件反射"，以快速获取"正确答案"，可以说是在学生头脑中克隆大人的思想，从而因为"闲置"了学生探索知识的欲望和好奇心而窒息了创新思维。死记硬背的神经网络发达起来，探索新知的神经网络却萎缩了。

一次，旅美学者薛涌向我讲述了他的女儿在美国高中上化学课的情景，我们不妨以此来看看美国教育的情况。他的女儿从高二开始学化学，第一周教师什么都没讲，只是让学生到实验室做实验。做完实验后还是什么都没讲，让大家继续写出实验报告。而这些学生从未写过化学实验报告，不知该如何下笔。教师还是不为所动，让他们自己去摸索。薛涌的女儿在学化学的过程中，每做完一个实验都要写报告，有时一个实验报告要写八个小时。而教师花费半个学期的时间让学生学习怎样看实验反应，至于这种化学反应是什么，大概也要到下学期才讲。在课堂上，薛涌的女儿主要以教师的问题为核心与其他学生进行讨论。

对照而言，我们的教师往往不会这样做，而是让学生尽快掌握已有的知识点和定理公式。然而成长不能抄近道，这样的教育方式最大的弊端，在于"固化"了大脑的神经网络，没有为创新教育提供"硬件设备"，培养出的学生无法面对变化莫测的未来。

我们现在的孩子很早就被送进学堂，关闭了他们接触大千世界的大门。"一心只念学堂书"几乎成了全部的内容。这样的孩子，既缺少了牛顿观察苹果落地的机会，也没有了小瓦特看到"壶盖跳舞"的惊奇。以背诵和记忆知识为主导的教育，导致了孩子思考能力的衰竭，从而也抑制了他们创新能力的发展。而这种思考能力和创新能力正是当下社会最重要的能力。如果没能形成这种"神经网络硬件"，一旦脱离课本，则无所适从，无法应对社会上各种新的挑战，因为这些挑战需要自己探索出相应的解决之道。

好教师的价值

在中国，古人把"师"排在"天地君亲"之后，足见其地位的重要。在我上学时，经常听到许多人讲教师的重要性，教师的伟大，教师的价值。许多时候，不少同学与我一样，都觉得这听起来比较空洞。虽然教师的重要性不言而喻，但其价值是不易衡量的，尤其是具体到评估一位教师所创造的价值时，更是难以很好地衡量。近年来，哈佛大学与哥伦比亚大学的教授对此进行了研究，在教师价值的量化测量方面取得了很大的突破，让我们了解到一名好教师的价值所在，为学生在社会中能够作出的贡献提供了很好的参考。

一名学生在求学生涯中会遇到很多不同的老师，因此要具体评估某一位教师的影响是一件富有挑战的事情。研究者提出了增值分析的方法，用统计分析评估每位教师，也就是把成绩相当的学生分给不同的教师，从一年后学生成绩的差距来看那些教师对学生的影响会有多大，然后利用这个增值的成绩来看学生未来在上大学、家庭、收入等方面受到的影响。他们的研究发现，好教师和差教师对学生的影响都会持续很长时间，甚至一生。比如，学生在四年级遇到一位出色的好教师，在统计学的平均意义上说，会让这个学生上大学的概率提高 1.25%，同时也会让他一生多收入 25000 美元。如果一个班级按 28 人算，这个教师为该班级学生一生的收入增加了 70 万美元，这都是在四年级时遇到一位好教师的价值。这样一位好教师培养的学生，为社会增值作出了贡献，如果都是这样的好教师，那么对社会的整体福利提高程度将难以估量。因此，就可以理解有些学校为了挽留好教师，家长募捐集资的这份投资的意义了。

研究者关于好教师价值的发现是利用大数据技术实现的，他们搜集到了 250 万学生的数据资料，包括他们成年后的情况以及他们的家庭背景情况。教师价值的评估，是以学生的考试成绩来定的。成绩好的班级，其教师的价值就高。为了避免聪明学生和富有学生挑选班级的偏误，研究者也做了控制处理。根据教师增值分析获得的教师价值评估，来看他们与学生后来的发展的关系。比如，如果一个学生遇到一名高出一个标准分数的教师，他在 20 岁时上大学的可能性就增加了 1.3%，到 28 岁时的收入就会多出 182 美元。另外，这些学生在日后也更可能居住在好的社区，养老金的存量也会更大。如果一个学生每年都在接受好教师的教育，那么，对其一生的发展都会产生良好的积极的影响。

从另一个方面看，如果遇到了一名极差的教师，其负面影响相当于一个学生一学年旷课 40%，这样的教师对学生的危害很大，甚至影响学生的健康成长，也会对社会产生不良影响。

这个研究告诉我们，发现和培养好教师，其价值是多么巨大。我们要努力建设良好的师资队伍，一定要激励优秀的大学生或研究生去当教师。

虽然这些研究者避开了好教师对塑造学生心灵和性格的影响，但好教师在教学方面，不仅仅是让学生考高分这么简单。因为测量教师的增值方法，用的是学生的标准化考试成绩，如果以此来评估教师决定其奖惩，则可能会造成教师的"应试教育"导向。所以，虽然美国加州等地在采用这种教师增值分析方法来评估教师价值，并进行奖惩，但推广起来仍比较困难。

尽管如此，这个研究在一定程度上，依旧让我们认识到好教师所具有的价值，为我们提供了一个方法、一个思路，也提供了一些量化上的认识，不仅仅限于对好教师的抽象认识，还有了一个具体参照。好教师的价值，不再只是一个空洞的口号，而是一个真实的可评估的数据。每个学生有了好的教师，才能够拥有一个好的未来，社会才会变得更美好。

名师与养气

乔姆斯基是语言学大家，更作为美国左派公共知识分子而大名鼎鼎。我在明尼苏达念书的时候，常与一个美国学生同乘公交车，一次聊起天来，说到他最敬仰的人物时，他脱口而出说是乔姆斯基。我知道乔姆斯基大名是几年前在北京读研究生的时候，人类学课上讲到语言学。没想到这位对乔姆斯基如此崇敬，竟然为了见见老人家而跑到波士顿，终于见到了"真佛"。他的兴奋劲，让我想起名师对后学的影响来。

这里所说的名师（准确地说应该是明师，明智的明，高明的明）不是当下变味了的所谓"名师"，而是真正品性上德高望重，技能上超拔群雄，影响泽被青年后学者。唐宋八大家之一的苏辙曾讲学为文，"文者气之所形"。他说："文不可以学而能，气可以养而致。"先不说前者是否正确，但后者确实有理。养吾浩然之气可以怎么样养呢？一个重要途径就是亲近大德大贤，即俗话说的名师。苏辙为了见当时大贤名师韩琦，写下了千古美文《上枢密韩太尉书》。他为了"养气"遍游名山大川，城池宫阙，见过欧阳修大贤，就差韩太尉了。他要亲见韩琦的目的在于："愿得观贤人之光耀，闻一言以自壮，然后可以尽天下之大观而无憾者矣。"我能想象苏辙先生的心情。苏辙的情真意切感动了韩琦，也告诉了我们这种亲近贤者背后的道理，给我们树立一个学习的好榜样。

　　见面与不见面，感受确实是不一样的。对于贤达之士只读其书，远远不够。就如同现在导师带学生，带出来的学生，和只读其书而从未一见出来的是不一样的。人师有言传身教，都不是付诸文字后的文章和书籍可以取代的。要领略那个只可意会不可言传的"气质"，必须面聆。用社会学家兰德尔·柯林斯（Randall Collins）的话说，面对面的互动，可能会对一个后生影响一生，这是一种直接互动产生的"情感能量"。即使没有直接的语言交流，只是一面，也可以传递一种影响。

　　我读本科的时候是在一般院校，来个大德大贤的机会稀少，所以曾因仰慕"诺贝尔奖"大名去听校方邀请的一位美国物理学家的演讲。即使有同声翻译，我也听不懂多少具体内容，我学的是教育学专业，与专门的物理学知识距离太远。但是没关系，从这种大家风范中我感受到了一种在其他地方感受不到的东西。尤其印象深刻的是翻译赵忠贤院士。我当时想，赵先生，不仅是院士，英语翻译还那么好，我一定要把英语学好。这是十几年来我不曾忘记的一幕。尽管不曾与他们交流一句话，但是那个感受给我了很多的思考和激励。当年费孝通先生在英伦师从大师级人类学家马林诺夫斯基时听席明纳（讨论班），因语言问题听不懂，老马对费孝通说："学术这个东西不是只用脑筋来记的，主要是浸在这个空气里。话不懂，闻闻这种气味也有好处。"

通常说读人阅世，这都是为学的源头活水。在教育上，如果有机会，一定要让学生或者孩子见到那些可能影响到他们"养气"的人士，只要是很有修养和见识的时贤名宿，不管是政界、商界还是文艺界的都可。但这本质上不同于当下时髦的追星族和狗仔队。

见贤思齐，这种精神也可熏染孩子。不管是家长还是教师，我们对人物的评介和情感也会传染给孩子和学生，无形中会把他们的成长引导到那些我们崇敬者的方向。亲近贤达，也是我们作为家长和教师的"养气"之法。一旦仰慕了某个贤达之士，我们的言行和作品都在朝那个境界跑，"虽不能致，心向往之"，不管是文风还是行事，待人接物，都会熏染出一种"养气"而来的气质。

蹲下来和孩子一起看世界

优秀生为何成群地来

史学家王汎森曾撰文讨论过"天才为何成群地来"。原因在于大师们学问境界的造就不仅需要师徒之间的纵向传习，还要有同辈之间的横向激发。王汎森认为，"我们太注重线性的、纵向式的传习与听受，往往忽略横向的、从侧面撞进来的资源，事实上这两者缺一不可，应该交叉循环为用。"这个观点，如果放在我们的教育教学上，可以引申为这样一个问题：优秀生为何成群地来？

美国也有把一些优秀学生吸引过来的重点学校。如果优秀学生都扎堆到一起，对于整个教育是有害的。虽然不像当下中国教育的重点学校重点班级对优秀生的垄断那么严重，但是一些美国教育界人士也在关注这个问题。人才要扎堆，优秀生也要扎堆，优秀生在一起切磋，比赛不是能更精彩激烈吗？问题是，假如一个班级把所有优秀生都聚拢过来，这样极端的情况下会发生什么后果？

假定一个班级里都是优秀生，就像王汎森说的"天才成群地来"的道理一样，学生之间横向的相互撞进来的资源会很丰富。如果教师也是优秀的教师，在面对一班优秀学生时，肯定是强强联合，学习效果极佳。"得天下英才而教育之"，是孟子说的人生一大乐事。有哪位教师不因为得到了好学生而深感幸福？当班级里的优秀生形成了一种积极向上、互相切磋、相互激励的状态时，对教师也是一个挑战。一个人的思维和见识有限，当这些优秀生都发挥了自己的独立思维能力，提出有挑战性的好问题时，对教师、学生而言，都是一个学习的好机会。好问题被很好地分析解答并产生了新的想法。社会学家柯林斯在研究世界上思想产生的机制时发现了同样的道理。新的思想产生需要知识分子群体，这个群体就包括师生朋辈之间的交流网络，不仅是作品的交流，更重要的是面对面的交流，这个网络中不仅要有朋友，还要有对手。有了这些，他们中间就会产生情感能量，激发大家的灵感和力量。当一个班级里对问题的分析有分歧的时候，就有了辩论，有了辩论就有了进一步学习的动力和扩大视野的机会。所以，一个健康发展的优秀生组成的班级，是人才诞生的摇篮。

可是理想中的班级在现实的升学指挥棒下，容易形成一种不良的竞争，学生相互之间充满"敌意"，这样不正常的学习氛围，不仅阻碍了学生之间横向资源的有效利用，也浪费了在师生的激烈互动中带给整个班级的学习机会。因此，一旦一个班级优秀生全部聚拢，竞争更是被推波助澜，很容易造成不良的学习风气。

假如一个班级没有优秀生会怎么样？首先，在纵向资源上，即使教师是优秀的，也会因为缺乏"英才"而乐趣大减、激情降低，这不是道德问题，而是缺乏了优秀生的挑战，教师的潜能难以被挖掘。事实上，在没有优秀生的班级，能安排优秀教师上课的概率微乎其微。其次，因为班级里没有优秀生的存在，学生之间没有优秀的标杆，也失去了横向学习的资源，减少了师生精彩互动的机会。再次，没有了优秀生的班级，学生自己也容易形成自卑心理，失去了上进的信心。这样的班级难以有好的学风，没有了好的学风，学生就不能形成好的学习习惯，使自身获得提升。

如果优秀生能够分布得稍微分散一些，一个班里有3～5个优秀生，情况将会好很多，优秀生和其他学生都能获得提高，从而使整个教育水平得到健康提高。一个班里获得了几位优秀生后，打破了单一的班级生态，上面所说的纵向师生互动情感能量的激发，以及横向学生之间的学习都容易获得。优秀生的压力场变了，自然在竞争上不会那么残酷。其他学生也会因为这些优秀生的存在而有了标杆，有了身边的榜样，也有了请教问题的地方。现在的乡村，因为教育资源向城市的无端倾斜，学校里的优秀生大多流失了，许多班里看不到优秀生。而一些城市的重点学校的重点班级，垄断了当地所有的尖子生。不久前，在家乡农村从教多年的朋友告诉我，通常学习好一点的学生都去了县城，他任教的学校生源越来越不好，优秀生零零落落很稀少。我为家乡的学生担忧，他们不仅缺乏优秀的教师、教育资源，更缺乏优秀的同学，成群结队而来的优秀人才队伍里，将很难看到他们的身影。

我们要借鉴发达国家的教育资源配置方法，把教育资源向农村倾斜，而不是向城市倾斜。要增加资源支持力度，给他们力量，给他们希望！让优秀生进入农村的每一个班级，让每个班级的学生都有他们值得学习的榜样！

水平式教学提高社会资本

社会资本对社会和谐发展不可或缺。这里的社会资本可以宽泛地定义为非家庭成员间的与他人合作的能力，包括信任与负责。学校是提高社会资本的良好阵地，而教师不同的教学方式，对社会资本的提高也不尽相同。垂直式，或者叫作权威式教学，以教师讲为主，学生只是记笔记或者读教材，教师提问学生，教室里的中心关系在师生之间，这种教学方式不利于学生社会资本的提高；水平式，也可以说是平等式的教学，学生分组做课题，向教师问问题，教室里的中心关系在学生之间，这种教学方式则可以显著地提高学生的社会资本。这是哈佛大学经济学系安德鲁·施莱弗（Andrei Shleifer）教授等人研究发现的结果，这个发现值得一线教师和教育工作者深入思考和研究教学的实践与社会资本的关系。

通常学者比较关注家庭对培养孩子的社会资本的重要性，而学校教育对提升社会资本的重要性也越来越受到重视。施莱弗等人通过把教学实践分为教师讲课和学生团队项目两种方式，利用自己的经验对其进行检验，看到底会有什么影响。数据中包括了几十个国家，不同国家教学方式的差别比较明显，比如丹麦、挪威、瑞典、澳大利亚、美国和英国等国家，教学方式更多的是学生分组做项目；而希腊、法国等国家这种方式则较少。即使控制了经济收入和教育年限，我们也发现垂直式教学大大地降低了彼此间的信任。

在国家之间的信任差别上，几乎三分之一可以为教学方式所解释。社会活动的参与是社会资本的重要体现，如果大家比较关心公共事务，积极参与，社会资本水平就高。研究发现，教学实践方式显著地影响到了这种市民公共生活。那些"总是从黑板上抄写笔记"的学生在参与市民公共生活上，则明显低于那些上课"做分组项目"的学生；那些以水平式教学为主的国家，市民公共生活参与度也就明显高于那些重视垂直式教学的国家。

这种教学方式的不同还影响到人们对政府官员的态度。垂直式教学灌输了一种公民比官员低等的观念，导致他们对政治和政府的不信任。对照而言，水平式教学方式则让学生形成一种社会归属感，认为官员是负责任的。在对公务员的信任感方面，两种教学方式带来的结果也明显不同。

研究还指出，这两种教学方式在社会资本的诸多维度上都有明显作用，但对学生认知技能形成上没有影响。这个发现是综合运用了国际数学和科学考试成绩得出的。不久前，上海学生在"国际学生评估项目"中再次表现优异，而这其中并没有包含教学方式对社会资本影响的成绩。所以，即使是我们考试成绩不俗，也要深思我们的教学方式在其他方面对培养学生是否发挥了作用，比如在学生社会资本的提高方面。

美国的教学方式是以水平式为主导，从小孩到研究生，团队项目一直不断更新。如同踢球的团队配合精神要在实践中培养一样，学生的合作精神、平等与信任也要在漫长的学校学习生活中培养。教师的教学是学生在学校生活中最常见的一部分，而正是这种最常见的教学生活，在悄无声息地影响着学生社会资本的形成。

关于教学实践方式对社会资本的影响这一发现，又回到了教育家杜威的进步教育，这一发现支持了进步教育的观点。比如以学生为中心，不是以教师讲与提问为重点，而是让学生去做，去主动问教师问题；让学生在团队里形成合作观念；淡化权威意识，以学生之间的关系为主取代了传统的以师生关系为中心的教学方式。每天在课堂上学习的学生，教师的教学方式，无形中影响着他们观念的形成和行为习惯的养成。从社会资本对和谐社会建设的作用而言，教师的教学方式不容忽视，因为其对社会资本的形成有着深远的影响。

如何利用"大数据"为教育服务

最近几年，人们对"大数据"的关注越来越多。2011年麦肯锡全球研究所（McKinsey Global Institute）发布了《大数据：创新、竞争和生产率的下一个前沿》（*Big Data: The Next Frontier for Innovation, Competition, and Productivity*），2012年美国奥巴马政府宣布了"大数据研究和发展计划"，这预示着"大数据时代"已经到来。利用以数据为基础的决策来解决诸多领域的问题成为大数据时代的显著特征。那么，面对大数据时代的到来，我们该怎样做以提高教育水平？

我们先来对比这样两个教育情境。情境1：把学生苏珊安排到一门课上来提高她的阅读技能。这门课要求学生阅读短故事，教师每隔一周做一次书面测试，来检查学生的词汇学习和阅读理解情况。考完试后，教师把评分的卷子反馈给学生。试卷显示，苏珊的词汇学得还不错，但在一些关键概念上还要下功夫。情境2：学生理查德通过电脑来学习阅读，他每读一个故事，电脑就会搜集一系列关于掌握内容用时长短的数据。每次作业后，一个小测验就会出现在屏幕上，提出一些关于词汇和阅读理解的问题。理查德在回答每个问题时，他的回答是否正确，以及他的成绩在班里处于什么水平，和全国学生相比处在什么位置，都能立即得到反馈。对于那些难题，电脑会告诉他一些网络链接，这些链接对应的网页对那些词汇和概念有详细的解释。最后，理查德的老师会收到一个关于理查德和其他学生阅读情况的信息包，包括阅读时间、词汇知识、阅读理解掌握，以及辅助电子资料的利用情况等。

这个情境对比是全球著名智库布鲁金斯研究所的治理研究主任达洛尔·韦斯特（Darrell M. West）在去年的《利用大数据的教育：数据发掘、数据分析和网络控制器》(*Big Data for Education: Data Mining, Data Analytics, and Web Dashboards*)报告中给出的。这个对比显示出传统教学方法的局限——反馈比较慢，综合分析比较困难。对比理查德的学习，电脑即时评价学习情况，并记录下来自动反馈给教师，教师可以综合全班学习情况，有针对性地进行辅导。

实际上，在课堂上，数据不仅可以帮助改善教育教学，在重大教育决策制定和教育改革方面，大数据更有用武之地。美国利用数据来诊断处在辍学危险期的学生、探索教育开支与学生学习成绩提升的关系、探索学生缺课与成绩的关系。举一个比较有趣的例子，教师的高考成绩和所教学生的成绩有关吗？究竟如何，不妨借助数据来看。比如美国某州公立中小学的数据分析显示，在语文成绩上，教师高考分数和学生成绩呈现显著的正相关。也就是说，教师的高考成绩与他们现在所教语文课上的学生学习成绩有很明显的关系，教师的高考成绩越好，学生的语文成绩也越好。让我们进一步探讨这个关系背后真正的原因。其实，教师高考成绩高低某种程度上是教师的某个特点在起作用，而正是这个特点对教好学生起着至关重要的作用，教师的高考分数可以作为挑选教师的一个指标。如果有了充分的数据，便可以发掘更多的教师特征和学生成绩之间的关系，从而为挑选教师提供更好的参考。

大数据还可以帮助家长和教师甄别出孩子的学习差距和有效的学习方法。比如，美国的麦格劳—希尔教育出版集团就开发出了一种预测评估工具，帮助学生评估他们已有的知识和达标测验所需程度的差距，进而指出学生有待提高的地方。评估工具可以让教师跟踪学生的学习情况，从而找到学生的学习特点和方法。有些学生适合按部就班，有些则更适合图式信息和整合信息的非线性学习。这些都可以通过大数据搜集和分析被很快识别出来，从而为教育教学提供坚实的依据。

面对"大数据时代"的到来，我们的教育工作者如何很好地利用大数据来服务教育，如何把这些大数据信息转化成知识，促进改革传统教育教学，这将是一个很大的挑战。

教师要了解学生同龄群体

　　一个人小时候的玩伴，不管是在家里还是在学校里，都非常重要。前不久，与一个搞教育的朋友聊起美国中小学教育，就提到了同班同学的影响，他推荐了一本书，迈克尔·格斯（Michael Gose）的《杰出的挑战：优秀教师的遗产》(*The Challenge of Greatness: the Legacy of Great Teachers*)。这本书专门讨论了教师要了解学生同龄群体，并且从社会学的角度探讨了其原因。

　　同班学生是一个同龄群体，因为年龄大致相同，并且经常在一起活动，彼此间的相互影响对于每个人的发展都非常重要，尤其是其中的管理者对其他人影响更大。美国教育研究者和教师很注重对同龄群体的认识，优秀教师对他们的学生同龄群体了解得很深入。

　　塔尔科特·帕森斯（Talcott Parsons）是北美社会学的奠基人，社会功能论的集大成者。他曾在《哈佛教育评论》发表《作为社会系统的学校课堂》一文，分析了同龄群体的重要性以及教师了解他们的重要意义。比如，教师想让某个学生当班级领导是不允许的，这个班级领导必须由学生独立选出。比如，教师对学生违规的容忍度有多大，学生群体通常会有个别学生作为试验者，来探探教师的底线。对这个学生不负责任的行为，教师一定要分清其是否在挑战底线，是否在试探容忍底线。如果是，教师发现后应马上进行适当的处理，目的是让其他学生明白，这样的行为是不允许的。如果教师反应不力，则会有学生进一步做出更严重的违规行为，再次试探教师的底线。帕森斯说："多数学生在一定程度上有过试探教师底线这种行为。"班级管理要注意一开始就对规则严格执行，有违规行为要及时发现，及时处理。

即使是那些好学生，也会有做出不良行为的时候，尤其是与同龄人在一起时，如喝酒、抽烟。青少年展现自我的欲望很强烈，如果教师对这些行为不及时约束，造成的后果只会更加严重。

但是，同龄群体的负面影响可以转化为正面积极的作用。一个好教师会帮助学生同龄群体发展出激发学习的动力源，让学生群体形成一个以认真的态度来相互学习的氛围。教师欣赏的是一个这样的同龄群体，他们都认为自己有能力把学习搞好，并且努力去做，不惜投入更多的时间。这样一个群体，是一个相互激励的积极向上的群体，一旦走上正面发展的轨道，其激励作用远胜过物质奖励和表扬。因为，学生在同龄群体中，以其能力和成绩的展示，让自己觉得在朋辈圈里很有地位，很有成就感。

因此，优秀教师不是加大学生任务，让其疲于奔命，而是创造一种环境，让学生自觉地努力学习，自己定好标准。学生获得进步是一种内在的奖励，这种内在的奖励在一定程度上也是以共享什么是好的价值观的同龄群体为依托。

这里关键是教师如何把握师生关系，协调生生关系。我们习惯的师生关系，其实暗含着一种从教师到学生的方向性的关系。如果考虑方向性的话，把"师—生"和"生—师"的关系分别考虑是有道理的。虽然建立关系是相互的，但是，主导性和方向性也应考虑在内。虽然学生和教师的关系取决于二者的协调，但学生通常是弱势的，教师占更多的主导优势。学生向教师发出的意愿信息是师生关系中的"生—师"关系。同龄群体要通过个体来展示对教师的态度，教师个人的态度和行为同时可以影响整个学生同龄群体。了解这种关系，是做一个好教师必要的一课，这不仅是班主任的任务，也是每个教师的必修课。

教学中"学"为重心

我曾问一位美国教师，教学论的核心是什么，他的回答很简单：鼓励学生自己学习，在做中学。怎样让学生"在做中学"呢？美国教师的方法很多，许多都是因地制宜，选取与学生日常密切相关的东西。比如，纽约某中学，地处赫德逊河畔，教师就让学生考察这条河的历史、地质、对地方发展的利弊等；有的学校因为旁边植被很好，就让学生观察植物的年轮、生长习性；沿海某校，让学生制造一条真船，学生必须学会测量、画图、计算、设计、材料、浮力、重力等知识，还有团队合作。当然，还有些人文历史类的，如罗马战争史、中国饮食文化等，这些都是要学生自己去探索、学习的，不论他们研究的是什么，最终都要形成一个"产品"。

其实，历代中国教育家也是主张"学"优先于"教"的。比如，孔子的《论语》里，"学"字出现了56次，而"教"字只出现了7次。著名教育家叶圣陶先生曾经有句名言：教是为了不教。就是说，教的目的是要让学生学会学习，不再需要教了，学生会自主学习了。北大教授郑也夫认为，学有所成的人都是有自学能力的人。这让我想起乔布斯的故事，从中学阶段开始，他研究电子设备，到后来制作个人电脑，他的自学能力，功不可没。

郑也夫认为"学"远比"教"重要的原因在于："知识可以在短时间内灌输进去，但是记住哪些取决于主观，没有了起码的爱好，听过的东西多半要忘记的。并且能教的只是知识，要将知识转化为技能和智慧，全靠自己的操练、思索、融会。"做中学，正是这样一个将学习到的知识转化为技能和智慧的过程，在这个过程中，需要学生的兴趣及积极主动性。其实，孩子是最富有好奇心的，是最富有探索精神的，但随着年龄增长，这种好奇心和求知欲会变得越来越低。

联合国教科文组织国际教育发展委员会在《学会生存》中曾指出："未来的学校必须使学习者成为他们获得的知识的最高主人而不是消极的知识接受者。""必须把教育的对象变成教育的主体，受教育的人必须成为教育自己的主人，别人的教育必须成为自己的教育。"真正的教育是学生的自我教育，教育的宗旨就在于教会学生"会学习"。

会学习的学生，爱学习的学生，与教师的素养和习惯有很大关系。教学生学习的教师，如果自己都不知道怎样有效地学习，对学习新东西、认识新事物没有强烈的意愿，便不能带动学生，教会学生学习，也更难实现教学中以"学"为主了。

现代社会，学校教育一家独大，几乎垄断了传统社会中的诸多教育方式。但产生的问题也很多，在学校教育的过程中，往往外力过强，导致内力丧失。内力一旦丧失，学生学习的主动性没有了，整个教学便失败了。美国学生的创造力之所以比较好，主要原因就在于其以"学"为重心，以学生主动学习为宗旨的教育观念和实践发挥了作用。而在我国中小学，学生为了考试反复地复习，久而久之，便磨灭了学生学习的兴趣与好奇心。要知道"复习"不等于"学"。如何让"学"成为学校教学的核心，值得我们的教育人士进行深入的思考。

旷课 10% 意味着什么？

"上午 9 点了，您知道自己的孩子到哪里去了吗？"这是纽约公交车和地铁上的大标语，提醒人们关注学生要在学校上课，不要旷课。我们通常假定学生都应在学校，可是旷课问题就挑战了学校教育中的前提假定。2012 年 5 月，美国约翰·霍普金斯大学毕业中心的两位学者巴尔范兹和伯恩斯（Robert Balfanz and Vaughan Byrnes）通过研究和整理美国六个州的学生旷课情况，总结出了一个报告，对旷课的危害和对策作了分析。

这个报告主要指出了严重旷课的后果。在全国范围内，美国中小学严重旷课学生的百分比在 10% 或者更高。这意味着全国有 500 万甚至 750 万学生有严重缺课行为，其中小学生比例略低，初中生开始升高，高中生旷课情况最为严重。一个班级，教师可能感觉每堂课没有太多旷课的学生，可是今天你旷课，明天他旷课，对于具体一个学生而言，10% 的旷课率就很容易达到了。这种严重旷课的后果主要有这样几点：可能辍学，学习成绩较差，毕业的可能性降低。根据研究，学前班的严重旷课，已经影响到小学三年级的阅读和数学成绩，初中三年级的严重旷课会降低高中毕业可能性的五个左右的百分点。

这个报告的发布，让更多的教育人士和家长对学生旷课问题给予了更大关注。一些州正在酝酿立法，保证学生不缺课，纽约市长甚至亲自过问此事，通过公交和地铁的宣传标语，随时提醒人们监督孩子到学校上学。一些地方还成立了志愿者组织，和学校一起，针对即将达到严重缺课的学生进行调查，找出原因，并对症下药。为了让学生每天按时到校上学，志愿者一大早就把电话打到学生家里，提醒他该去上学了。

学生旷课的原因也很多样，所以教师要注意针对不同的学生采取不同的措施。有的学生可能因为受欺负，不乐意上学；有的学生可能因为家里有事情，耽误了上课；有的学生可能因为家里搬家频率高，周转较多旷课也多……但是不管何种原因，旷课总是会影响学生的学习和发展。尤其是一些学生，跟社会上不上学的混混走到了一起，家长以为孩子去上学了，教师以为学生在家有事没来，谁都不知道他们已经混到了其他地方。在中国，多是大班，一个班级往往人数很多，教师时间和精力有限，所以往往会把这些时间和精力用到那些学习成绩好的学生身上，对其他学生基本采取"放羊"态度。这种情况会让这些学生更容易旷课和厌恶学校，不能把他们吸引到学校里来，校园外面的花花世界随时可以把他们带走。再者，旷课也会成为习惯，一旦养成习惯，更不容易纠正。

在中国，虽然还没有看到类似的研究和报道，但是同样的旷课问题一样存在。所以，为了学生个人和社会整体福利，我们不能忽视每个学生的旷课问题。每所学校都有校规校纪，但是执行起来是需要配套措施的。在社区范围内，我们不妨也加强宣传和监督，在学校内，成立专门的防旷课小组，和家长一起，共同努力降低学生的旷课率，提高学生的学习成绩，促进良好公民社会的发展。

给美国小学生讲"司马光砸缸"

几年前，我在明尼苏达大学读书的时候，一位美国朋友邀请我去教会学校给小学生讲中国古典故事。我挑选了"司马光砸缸"这个中国孩子耳熟能详的故事。

当讲到一个小朋友掉到水缸里时，我问孩子们，如果他们看到有人掉到水缸里会怎么办。孩子们很兴奋，答案千奇百怪。有人马上回答，拨打911（这是美国的危机求助电话）。有人说，快求助大人。可是大人们都不在场。有个孩子说，司马光才七岁，他的朋友们多大了？如果都不到12岁，大人是不能不在场监护的（在美国，12岁以下的孩子是不能单独在家或者出行的。即使几个孩子玩耍，完全不在大人的视野之内，也是不行的）。有个孩子说，那个水缸为什么没有盖子呢？这是安全措施做得不好。学生们给出了不同答案之后，就问我，司马光是怎么做的。他们瞪着好奇的眼睛，我也到揭开谜底的时候了。我说，司马光没有慌，他从旁边捡起块石头，对着水缸砸了下去，水缸破了，水流了出来，小朋友得救了。这些小学生一起"哟"了一声，开始相互讨论司马光的这个办法。

这次经历给了我许多思考。

第一，我们的课堂也可以从外边请些具有不同背景的人来给学生讲些故事，因为常态的课堂学生容易疲倦，尤其在全球化和多元化日益增强的时代，孩子们接触到多样性的人群和文化，可以开阔视野，活跃思维。

第二，每个故事或每篇文章都有其上下文背景，教师在讲课的时候不要强求学生的单一答案，重要的是激发他们的思维，让他们思考，从中增长见识。那天提问之后，学生们没有一个给出我们故事里的答案。这不重要，因为具体场景不同，司马光所处的宋朝和21世纪的美国是非常不同的两个场景，前者没有911求助电话，也没有12岁以下儿童不能没有大人看管的规定。这些儿童对水缸的概念也很模糊，不能还原出司马光当时的场景，让孩子们回到司马光的思维是不太可能的。所以，不能因此就说司马光聪明，这些孩子不聪明。因此，文章的解读是教师不可回避的事情。教学参考书，只是参考书，教师必须对文本进行自身的解读。

第三，儿童的安全意识。在美国，从幼儿园开始，学校里就开始训练小孩子如何脱离危险地。比如消防员到学校给他们讲解和示范当火警响起该怎样跑出屋子，警察到学校给学生讲什么时候要拨打求助电话，教师们还不时地带着学生到警察局和消防中心实地考察学习。当然，也给学生家长开讲座，普及安全知识。

第四，在学习古典智慧和美德故事的时候，是否要脱离崇尚古人的思维呢？学习司马光砸缸的故事，是否就是一方面崇尚司马光"聪明"，一方面又机械地学习他的"砸缸"？我觉得，教师教育学生要小心谨慎。称赞古人的聪慧，但不可形成"尚古"思维，教师一定要注意不要让自己的教学束缚了孩子开放的思维、创造力、想象力。

"我们这里不比孩子！"

岳岳进幼儿园时就是一个活泼好动的孩子，每次父母去接他，都会听到老师的"诉苦"。有一次，岳岳在教室里上蹿下跳，老师为了使岳岳"安定"下来，就把他单独放在教室一个围有木栅栏的角落里。但是没过多久，岳岳就出现在众人面前，这一举动让老师惊讶不已。后来老师又把岳岳放进栅栏里并躲在门后观察，这才看到：不足两周岁的岳岳凭着自己良好的身体素质从一个比他还要高的木栅栏里爬了出来。这是友人沈安平先生讲述自己孩子当年在国内上幼儿园时的故事。这个"不守规矩"的孩子当年给他的父母带来了诸多烦恼，但当这个孩子到美国来上幼儿园时，他的"不佳表现"却成了优点。

沈先生讲述了岳岳来美国后开始受教育的情况，这让他感受到了一种与之前对比非常强烈的教育理念和实践。其中我感受最深的是岳岳的老师对沈先生一个问题的回答："我们的孩子和班里其他孩子相比表现如何？""我们这里不比孩子！"老师平淡率直地回答了他的问题。

当岳岳来到美国上幼儿园时，他的父母很担心孩子在学校是否还那样表现"不佳",让老师不喜欢。当老师第一次和家长见面时,岳岳父母心中很忐忑,不知孩子究竟表现如何,老师如何评价。他们没有想到,幼儿园老师带着微笑,评价完全是正面的,一点没有责备之意。

幼儿园和小学阶段,岳岳活泼好动的习惯没有太大改变。当父母对岳岳的多动性格表示担忧时,学校的老师总是告诉他们:那就是他的个性,他会有出息的。从老师真诚的语气中,他们看到了老师对岳岳的喜爱和理解,这给了他们极大的安慰。

创新型人才大都是那些"不安分"的孩子。岳岳大学毕业后在硅谷创业就体现了自己的创意。他组建了自己的公司,每天有很多人因使用他们的网站而搭到旅行的便车。也因为创意,岳岳被遴选为"总统创新学者",离开了硅谷,来到华盛顿,为美国联邦政府创新项目服务。

创新型人才是现代经济和社会发展的发动机。按照多伦多大学理查德·佛罗里达教授的研究,现代经济最重要的要素是创意人才。我国现在缺乏的就是这类具有创造性的人才。北京大学郑也夫教授把重要原因归于我们的扁平化教育,就是尖子型人才被压制,这部分人多有个性,在老师眼里"表现不佳"。

每个孩子都有自己的个性和特长,是无法与其他孩子比较的。即使可以比较,也不应该把班级里的孩子排出名次来。孩子间不相互比较，这是美国教育中的一个主流理念，这个理念从教育家杜威开始就奠定了基础。以儿童的发展为中心，让儿童自由发展，心灵健康成长，是杜威儿童生活教育理论所倡导的，指导着美国的基础教育实践。

撕书作为毕业仪式

有哲人说，事实比想象更离奇。近来我发现了一个原来想不到的现象：高中毕业生高考前撕书，犹如漫天飞雪，不免令人震撼心惊。撕书，不知从何时起，成了一种毕业仪式。

我的求学经历从小学到博士，从国内到国外，毕业过六次了，但从来未曾经历过撕书这样的毕业仪式。通常是把用过的书收拾起来、放好，时不时还会翻翻看看，有时候是为了看一篇文章，有时候是为了看看某个数学公式，还有时候是作为对往事的怀想、对故友的思念。总之，这个书堆越积越多，看着都有一种莫名的时光流逝沧海桑田之感。如果说曾经历过因某阶段考试终于有一种解脱感而把书"扔"到了一边，那也是仅有的一次：大学四级考试过关后，不少同学以一种决绝的心态把所有的英语书全处理掉了，似乎今生再也不用碰英语了。其实，他们中的不少人后来还是把这些书捡了回来，继续考六级、考研究生，甚至后来考博士，我还出了国，似乎注定一辈子离不开英语了。

我实在是落伍了，不仅如今拒用微信，而且喜欢把多年的旧书笔记都保存着，国内的虽然带来的少，但能保存着的，都争取拜托家人帮我保存着。赴美后在身边的书籍笔记即使搬家多次，也舍不得扔掉，仿佛是我不可分割的一部分，因其承载着许多的过去。我往往在看到这些"古董"时想到社会学家费孝通先生经常向学生提到的"敬惜字纸"。这种"敬惜字纸"是受到他的老祖母的影响，也是以前人们对字纸的普遍态度。故而我很困惑，为什么那些学子会把伴随自己美好青春的书本都撕掉？

是的，有人说这是一种压抑很久之后的发泄。这不是没有道理。但正是这样的道理才更让人不安。为什么我们的学子们会这么压抑？答案当然是这么多年都是为了"高考"。抛离了兴趣和心智健康发展的教育，怎能不让这些青春学子压抑愤懑呢！这样的话，即使上了大学，拿起大学的新课本，学习的兴趣和激情还会回来吗？

我有个亲戚的孩子，今年大学毕业。我弟弟说，这个孩子把英语课本、学习材料都带给他了，有些还新着呢，丝毫没有翻动的痕迹。因为我弟弟，才让这些书没有被撕。就是说，撕书不仅是高中生的毕业仪式，也蔓延到了大学生。而专业课的书，那个孩子一本都没留。难道对这些书一点情感都没有，即使以后真的用不着了？我之前曾多次劝他读点书，都是大学生了，大学期间不能不读几本书吧？他四年下来的读书状态却是让人极为失望的，而事实似乎也告诉我们，这是颇为普遍的现象。

以漫天飞雪之势撕书的学子们到了大学以后，还可以期待他们能有读书的兴趣吗？真是不敢想象。美国学生从小开始就非常重视阅读，而且教材可以一届一届接着用，在公立学校教材是公共财产，自然也不会发生集体撕书这种让人不可思议的行为。我们对教材和复习资料就不能有个理性的处理吗？比如，如果自己不想保留了，不愿意睹物思情勾起不堪回首的高考学习岁月，把书送给亲戚朋友也好，或者学校专门收购，另作他用。美国公立中小学教材上届用了下届用，沿用数年，大学每到毕业季就有专门机构收购教材，待新生开学卖给新生。因为新书非常贵，这样让新生老生都获益。把那么多书本都撕掉，是多么大的浪费。

更为重要的是，以撕书为毕业仪式的现象会作为一个象征符号，表达着这个时代的人们对读书的态度，并以传染的方式，通过网络的传播，带来很不好的影响。我们这个敬惜字纸的民族怎么到今天竟然对书本如此不敬！

我们的学校通常缺少庄重的毕业仪式，而学生自己却创造了以撕书为仪式的毕业告别礼，这是值得教育工作者反思的事情。我小学毕业没有毕业证，那时候没有发毕业证之说，更没有什么毕业典礼；初中毕业了，老师问要不要毕业证，交一块钱即可，上面的成绩是老师随时随手乱填的；中师之后才有了正规毕业证，但似乎没有毕业典礼。在美国，即使幼儿园毕业，孩子们都有个仪式，更不要说大学了。

　　庄重的仪式自有其功能，它传达着一种意义和态度。撕书的毕业告别礼是一种嘲弄、一种揶揄、一种讽刺，总之，不是庄重，更不典雅。它不应该发生在校园里，发生在青少年学子身上。虽然可以说错不在他们，但他们的做法确实错了。好的仪式激励着人们走好前方的路，把前路的价值和意义找到，而不是把这段人生整个忘掉。其实告别不了，过去在我们身上如影随形，直到未来。

美国学生如何学外语

在美国，学生在初二才开始上外语课，而在中国，外语学习从小学甚至从幼儿园便开始了。再来看美国大学生入学对外语的要求，从美国两大类型大学入学考试 SAT 和 ACT 来看，都没有把外语列入考试范围。这两大考试，考生可以只考一个，也可以都考，寄送成绩单申请大学时，可以任选成绩高的。那么，大学录取时对外语有什么要求？美国大学自主招生，有各自的标准，像哈佛大学和斯坦福大学要求学生外语学习通常是四年，一般大学有的两年就可以了。这样看来，我国的学生按照从初一开始学习英语来算，至少也有六年的时间，远远超出美国顶尖大学的入学要求。由于中高考英语在总分中所占比重很大，因此学校、家长、学生都非常重视。

英语学习究竟在提高学生语言能力和创造性等方面的效果如何，多大年龄开始学习英语最好，都是学界没有达成共识的问题。但显然，我国学生学习英语投入的时间和精力过多，效果也不是很理想，更重要的是，大部分人学习了几年，最终也没有使用的机会。

郑也夫教授新著《吾国教育病理》中对英语陪绑问题做了很有启发的探讨："如果说学习数学可能有三个功能：提升思维能力、测量智力的尺度、数学知识的使用，学习外语在前两功能上比不了数学，且弱于语文。在智力类型上它似乎与语文相似，但在语言掌握的深度上，外语与母语相距甚远，乃至中学外语学习所能测量的主要是记忆力。"其实，英语的学习最好以选修课的形式，富裕出来的时间可以做点其他事情。比如，把科技史放到英语学习中，可以让更多的学生对科技感兴趣。

美国的语言学习注重营造环境，学生学习外语并不用那么辛苦。个人选择语种的范围也比较大，凭兴趣学习的更多，效果也更好。语言学习，最重要的是交流。在现在的国际化背景下，即使不用在高考中加上英语，那些有兴趣或打算出国深造的学生，依然会认真学习，而且不是为了考试，而是为了使用。

2013年10月21日，北京市教育委员会发布消息，2016年将把英语考试社会化，其在高考中的分值由150分降至100分，而且一年可以考两次，成绩可以三年有效，在中考中也由120分降至100分。这是个好消息，让英语学习改革有了新进展。北京的做法将在其他省份激起一轮改革的浪潮，效果究竟如何，就要由实践来检验了。

改变应试教育的关键是评价学生的方法要多元化，不是单凭考试成绩这一项。美国评价学生除了看考试分数之外，还要参考其他方面，比如学生平时成绩总积分、个人陈述、作文、教师推荐信、课外活动项目、小发明小制作，等等。《纽约时报》有篇文章介绍，美国有的大学可以招收考试成绩不好的学生，方式是写出四篇 2000 字的论文，来展示自己的思维和文字能力。其实，论文最能体现一个学生的综合能力，美国学生从小学就开始学习写论文。当然，要做到这些，大学在招生时必须要有自主权。

给平凡孩子也点个赞

最近《时代》杂志发表了杰夫里·克鲁格（Jeffrey Kluger）的一篇长文《给平凡的孩子以赞美》（In Praise of the Ordinary Child），里面提出，我们应该重新思考优异到底是什么？成为第一到底值得为之奋斗吗？他说，很多家长都认为自己的孩子是上常春藤的料，但实际可能进常春藤的机会只有0.0313%。这相当于相信自己的孩子会成为亿万富豪、百老汇明星或罗德学者。

尽管如此，由于心理学上的乌比冈湖效应，人们容易高估自己的实际水平。比如美国70%的孩子都认为自己的学习成绩在平均水平以上；家长们更是认为自己的孩子都在平均水平以上。可无论上述哪一种情况，都不合乎实际。这些家长们给孩子的定位是职业和教育上的1%，认为只要足够努力，就可实现。事实上，都做到了1%，那99%谁来做？

为了成为最好的1%，教育成了一场"军备竞赛"，公立学校一些学生的家庭作业达到每周17.5小时。从2004年到2014年，放学后参加时长达3小时及以上学习活动的孩子，由650万人上升到1020万人。目标都是为了以后上好大学。而且这是有传染效应的，家长们都被裹挟进这个潮流中，除非家庭条件太差的。这与中国教育实际上是一样的。

但不少孩子随着年级升高，自身越发感到吃力，不得不垮下来，接着就是家长的崩溃。在孩子还支撑得住的时候，家长还有着表面的自信，一旦孩子撑不住，就完全显出真相。这样，作为普通的孩子，他们应该得到赞扬吗？他们也可以取得自己的成绩吗？所以，家长需要重新思考，对于孩子而言，什么是优异。为什么非得人人都上常春藤呢？哈佛大学教授南希·希尔就认为，美国大多数的州立大学都提供了很好的教育，孩子可以在那里学得很好，而在常春藤则会苦苦挣扎。

为了解决这一难题，耶鲁大学成立了耶鲁情商中心，该中心开发出了一个名为 RULER 的解决方案，并在大约 800 所学校中被使用。他们把情感的成长作为学习和创造性发展的关键。其实，就是一个人干什么事情要有激情投入才好。比如，布莱克特说："当你看到某些人成功了，比如说球星，他们可是每天练习 10 个小时，甚至睡觉都搂着球。所以问题在于，你的投入到了哪个层次？你的机会有多大？"

以明尼阿波利斯为基地的青少年发展研究组的"搜寻研究所"则提供了另一种方法，目的与耶鲁情商中心一样，他们致力于找到孩子的天然兴趣和天赋所在，然后帮助他们找到实现长远目标的途径。该研究所的首席执行官说："孩子们必须感受到自己有声音发出，他们有适合自己年龄的自主性和能动性，这可以使他们找到自己的闪光点。你则要把他们引导到成功发展的路上。"

但是我们的家长往往会帮倒忙。比如某个孩子表现出数学上的某些兴趣，很快就会让他走上通达微积分的轨道上。过度的拔高和表扬，让孩子失去了最初的兴趣，变得不敢做些冒险的难题，因为害怕失败。事实上，2008年经济危机让某些家长发现，即使曾经的好专业，也可能一下子失业。

军备竞赛式的教育，让家长和孩子都疲于奔命。前耶鲁大学教授威廉·德雷谢维奇（William Deresiewicz）去年在美国出版了一本一经面世便迅速引起热烈讨论的书——《优秀的绵羊》（*Excellent Sheep: The Miseducation of the American Elite and the Way to a Meaningful Life*）。在这本书里，作者对美国精英名校里的学生的成功观进行了批评。如果认为只有成为最有钱的1%才算成功，其他人都是失败者，那么我们是在自欺，更糟糕的是，我们也在欺骗孩子。我们必须找到什么对孩子来说是合适与正确的。

这个挑战，也是值得我们中国家长思考的。普通的孩子，应该自有其价值和人生。不要逼迫普通孩子非得成为那个"1%"的优异孩子，这里的"优异"，也同样是需要反思的。

蹲下来和孩子一起看世界

在中国古代的私塾里，师生之间通常就像贾政和贾宝玉的关系，前者一脸严肃，后者提心吊胆。即使在现代社会，教师和学生的关系也是学生仰视教师，教师俯视学生。来美国后，我发现美国的教师跪着与小学生说话、给学生系鞋带、拥抱亲吻学生是很常见的现象，这着实让我难以理解。

其实，这种现象在学校之外也很常见。很多家长经常跪着和孩子玩游戏、对话。美国驻华大使骆家辉在中国跪着和孩子说话，就是这个习惯的一种自然体现。而在中国，这样一张跪着与孩子说话的照片曾在网上疯传，就是因为这个现象"太陌生"。有一次，我问一位教师，美国人跪着与孩子讲话的原因，他的回答给我很大的启发。这个在他们看来很平常的现象，也许就是美国社会健康成长的根基所在。

首先，跪下来可以和孩子一起看世界。我们成人眼中的世界，是站在成人的高度所看到的。孩子的个子还小，他们眼里的世界和我们看到的有很大不同。因此，我们很难理解他们的心思。只有与孩子站在同样的高度来观察世界，我们才能与孩子有更多的交汇。

其次，跪下来可以让孩子更有安全感和平等感。教师俯下身来，就拉近了与孩子的距离，拉近了心与心的距离。美国人下意识的动作——根据孩子的高矮，坐下或者蹲下，更多的是跪下来和孩子讲话，这是大人对孩子的尊重。

再次，跪下来是让教师放下自己的身段，态度更随和。因为当教师俯视孩子时，下意识地把自己"抬高了"，从而认为他们就是"小孩子"。我们通常会说："小孩子家，懂什么！"其实如果从孩子丰富的"世界"来看，也可以回敬大人同样一句话："大人们，懂什么！"我在中国求学的观察是，三尺讲台是很高的，当教师在讲台上与学生说话时，感觉是不一样的。古代皇帝的金銮殿台阶那么高，大臣在下面跪着，就是借用外在物质平台，拉大"尊卑"之间的心理差距，让"尊者"感到自己"更尊贵"，"卑者"感到自己"更卑贱"。这让我更觉得，放下身段的教师跪下来与孩子说话确实很重要，这样教育出来的孩子更容易健康成长。

最后，跪下来与孩子说话，更容易激发教师的爱心，温暖孩子的童心。跪下来给孩子一个吻，擦擦孩子的鼻涕，整整孩子没穿好的衣服，紧紧孩子松了的鞋带……这些琐碎的小事情能让教师感受到孩子的可爱和弱小，教师的爱心才能被更强烈地激发出来。这样，孩子也会得到温暖，因而更喜欢教师。我问过一个学前班的孩子，为什么那么喜欢他的老师，孩子的回答是："他每次见到我都拥抱我、亲吻我，他很爱我。"我知道，这位老师就是常常跪下来与他对话的老师。

当我们都能下意识地跪下来和孩子一起看世界时，我们也就拥有了这种"软力量"。中国"儿童梦"的实现，才能托起"中国梦"。

在中国文化里，成人不习惯"跪"着与孩子一起玩，那我们不妨放下身段，"蹲"下来与孩子沟通交流，到儿童的世界里与孩子一起健康快乐地成长。

或许与教育有关
——2014 年回国教育随笔（节选）

校长和学校发展

　　人们一说校长，就会想到蔡元培时候的北大和张伯苓时候的南开。确实，一个学校发展成什么样子，校长是个关键角色。

　　到永城的第二天，我就应王献岭校长之邀去了永城二小。这是一所颇有名气的"经典诵读"学校，而且是市教体局赵先立主任提出的"四环节循环教学模式"（《中国教师报》于2013年报道过这一模式）的实验基地之一。王校长是我中师的师兄，办学很有自己的教育理念。他教语文，写诗歌和散文，重视中国经典，追随朱永新先生的新教育。他的经典理念，我以为就是"让学生与美好相遇"。他的诗歌和文章中，以及我们的谈话里多次出现这个观念。他主编了一本《永城故事》（2014年版），作为乡土校本教材。这本书把永城各乡镇的传说故事搜集起来，进行整理分类，印制成书，给学生阅读，让他们了解家乡，从而更好地热爱家乡。

　　永城第五初级中学是去年刚刚开始招生的新学校。这所学校是一支正在崛起的新教育力量。80多名教师都是从全市通过公开招考选拔来的。应校长刘德元的邀请，我去给他们学校的老师作讲座。主要讲了"关系型教育"、阅读与教师成长、大数据与教育等几个题目。五中的特色一到校园很快就会感受到，学校有一种浓厚的艺术氛围，更确切地说，是书法艺术氛围。校长刘德元是书法爱好者，该校专门有两位书法教师给每个班开设书法课。我参观了书法课教室，设备挺好的，墙上张贴的学生和老师的书法作品，颇有气势和规模。校园里随处可以看到书法作品。我虽然写字不好看，但欣赏还是略懂一点。五中特色，不仅有书法，还有校刊《心舞》，取的是"新建的五中"之谐音。校长是编委主任。我这次离开永城时，第二期刚出来，两期我都带在了身边。这本校刊水平可以说超出了一些所谓的正规刊物。文章有内容，有真情，有见地，而且是师生及家长一起沟通和展示才艺的平台。有些文章我读了深受启发，有些读了感动地禁不住流出泪来，有的学生文中的童趣又会让人忍俊不禁……

后来，我还去了河南夏邑的孔祖中专学校，与《中国教师报·教育家周刊》主编王占伟一起，进行了一次"文化大舞台"活动：创造与生命。活动是露天的，在大操场上，学生们整齐地坐成一排排，老师们坐在一侧。离舞台左前方最近的是几十名着装与众不同的"特殊学生"——一个读书会的团体。这个学校叫孔祖中专学校，"孔"就是孔子，因为夏邑是孔子的祖籍，这所学校也在追寻孔子的"君子"梦想。该校特色与校长郝兰奇是分不开的。郝兰奇校长编了一本《新君子教育读本》，来传播自己的"新君子"理想教育。王占伟编辑就创造性的生命成长做了很生动的演讲，而且现场与学生的互动很精彩，不仅有糖果作为奖赏，还有有关创造生命的书籍。占伟多次与我交流时谈到，我们的教育很大的问题在于教的是"技"和"术"，而没有抵达人"心"和"道"。如何"降伏其心"是人类各宗教最核心的问题，也是人提升境界不可逾越的一大问题。我知道我这位老朋友对生命的思考是有着多年磨砺的。当年我们大学住一个宿舍，正是从他那里，我了解了尼采、叔本华和《易经》以及美学等。他的广泛阅读和善于思考，让他一路走来，愈走愈远。我接着这个话题，讲的是在这个创新越来越重要的时代，我们该如何认识创新和更好地实现个人的创新潜能。我从经济学家熊彼特的企业家创新概念开始，这一概念就是"新组合"，只有实现了这种新组合获得的利润，才是企业家利润；而后，介绍了乔布斯提出的创新的概念，即连接，把知识和经验点用一条线连接起来，获得新东西，就是创新的过程。我给出了三点建议：一是保持广泛的兴趣和好奇心，二是广泛阅读和交流，三是学会讲故事。郝兰奇校长是我的中师校友，看到这样一位有思想和行动实践的校友，办出有"新君子"教育特色的学校，令人高兴。王占伟说的这个"三圣环绕之地"（老子、庄子和孔子），有着圣人的足迹余脉，在文化血液里流淌。

　　洛阳一高是名校。可惜那天停留的时间太短，给青年老师们作了中美教育比较讲座之后，很快就走了。可是，在短短的接触中，也粗略地感受到了张欣校长的教育思考和实践。在讲座结束总结中，张欣校长说了这样一句话，给我的印象非常深刻："学生们不知道应该学什么，我们老师们也不知道应该教什么，我们也在探索。"也许就是这种怀疑和探索精神，推动着他的全课程教改思想的发展。在吃饭的时候，他简单介绍了一下主要思想：把教学目标具体化，再把每个目标进一步细化，从学生的生命、生存和生活等方面入手，把学校的各种活动都化为课程。也许我记忆有误。希望有机会详细了解洛阳一高的教改。在听讲座的教师里，有一位大学师弟曹艺华，讲座后与他聊天才知道，他在给学生讲理财方面的知识，研究如何开发中学生的财商。这是对超越应试教育的探索。

教育不平等

到清华大学社会学系作学术报告那天，讲的与教育关系不大，是医疗的迪斯尼化问题。不过，迪斯尼化问题本来也是和教育有关的，就是高等教育的迪斯尼化问题。医疗迪斯尼化问题与高等教育迪斯尼化问题两者的共同点就是实质质量不容易获知，但表面是容易感知的，比如医院的干净、安静，护士的热情等，以及大学里高楼、花坛等设施的建设水平。让消费者感觉很好，是迪斯尼的宗旨。从而往往通过外在表现来推理内在质量的高低。后来为了集中于一个方面，我选择了讲医疗方面。

因为怕堵车，就提早到了清华，与郑路师兄聊起来了，他竟然问了我一个问题——教育的地域不平等问题，因为他的学生要来和他谈这个题目。郑路原来是人民大学社会学毕业，后在美国斯坦福大学拿了博士学位，并在美国任教数年，对社会不平等问题有研究。当我们真的聊起中国教育的地域不平等时，这个话题还真是有些费脑筋。首先，地域之间教育资源分配是不平等的，不仅仅是教育投资，还有高考分配录取名额。这是制度一面，所以就有了高考移民问题。还有就是家庭背景本身，有些地方发达，整个地区的文化资本或者社会资本就雄厚，别的地方难以望其项背。比如大城市，经济和文化的资源都是向大城市集聚。据说，北京的学校，尤其是中小学，发现外边哪里有了好教师，就出高价给挖过来，给房子，给户口，解决配偶工作，当然工资也高了。其实，县城不也是把乡村各乡镇的好教师挖走了吗？

清华社会学系的晋军兄，曾指导他的学生写论文，研究北大清华学生的情况，发现他们中几乎 90% 以上都是来自城市的。而且，同样的个人条件下，一个北京考生考上清华大学的可能性是河南考生的近 40 倍，是广东考生的 40 多倍。有个老师在每个课堂都要统计一下学生来源，发现基本上百分之八九十或者百分之九十多都是城市生源。晋军和他的学生发现，这些学生基本上都是从各个省的"超级中学"考上的。也就是说，在各个省，这些考上北大清华的学生都是集中在某个或者某几个"超级中学"的。当我到了河南某大学作讲座时，接待我的朋友是一个学院的副书记，他告诉我，这个学院的学生，90% 以上都是农村来的。

郑也夫教授曾针对这种地域不平等现象，提出教师流转的建议。也就是在一个地区范围内，让教师每两年或者三年在不同的学校间流动一次，而不是让一个学校把好教师资源都独占了。让中学资源平等，有利于缓解择校问题。但是，在大范围内，要做到平等，似乎还找不到"解"。

　　教育和市场是实现社会精英或者阶层上下流动的常态通道。有人将教育或者科举意义上的教育，比作一种合法的造反。而教育资源的不平等，让社会的流动机制不能够很畅通，一个发展潜力好的学生，可能因为资源来不到他这里，而得不到发展。晋军和他的学生通过对清华北大学生的统计分析发现，这些学生的共同特点大概有：来自城市，父母是公务员或教师，至少每年出去旅游一次，甚至上大学前就有国外旅游的经历。能至少每年出去旅游一次，甚至还到过国外，这不是众多家庭可以实现的，可以做到的家庭比例不会高。没有这些条件，发展自然受到很大局限，除非聪慧异常。这样的状况，对于整个社会财富增长，肯定是个重大损失。因为人才本身就是社会的财富。

农村留守儿童

上面说到地域教育不平等，其中一个很突出的现象就是乡村有着大量的留守儿童。留守儿童已经不是个新问题了。但是，这次回乡感受真切。一个村子，走几趟，几乎见不到几个人，小孩上学去了，老年人在家，年轻力壮的中年人，不管男子妇女几乎都外出打工去了。这些留在家里的远离父母的儿童，就是留守儿童。他们通常是由爷爷奶奶或者外公外婆在带着，就是下学了管吃饭，上学多数还负责接送。但是管教上就不行了，一则隔代疼爱让他们更容易纵容，再则怕管多了孩子的父母不满，得罪了他们。常常是管深了不行，管浅了无用。

听过一个保姆的故事，说她的孩子在河北老家，夫妻二人在北京打工，她给女儿打电话，电话里讲为他们挣钱的道理，女儿说："我不要钱，我要你！"这让我想起南桥在《第三只眼睛看教育》里有篇文章——《幼子在，不远游》。

在这篇文章里，南桥引用了《家庭问题期刊》（*Journal of Family Issues*）上对家庭亲子关系的研究发现，论文题目是：《跨国外劳和菲律宾父亲：男人出国打工对家庭的影响》。当菲律宾男人出国打工后，本应由父母共同抚养孩子的事情就由母亲一方在管了。这样，通过比较发现，只有母亲在抚育孩子，父亲在外国打工的家庭，孩子成长面临的问题更多，母子关系也受到更多的影响。一般而言，父亲更严一些，母亲更温暖一些。但当父亲常年在外，母亲既当爹又当妈时，父亲和母亲的界限就模糊了，孩子从母亲那里得到的温暖少了很多，这类变化给儿童的成长造成了阴影。

而中国留守儿童往往是爷爷奶奶辈带着，问题更多。没有什么人可以代替父母的抚育角色的。爷爷奶奶辈往往是管着不出大事能向孩子的父母交差就谢天谢地了，打游戏看电视通常就随他去吧。在武汉中南财经政法大学，我遇到了杨华博士，湖南人，那天我的报告他是评议人之一。我看了他的一篇回乡纪实文章，关于留守儿童的。文章里他村的那个孩子是留守儿童，长大了在村里有句名言：先杀他老娘，后杀她女儿。因为他外婆把他的不好作为告诉他在外地打工的妈了，于是他就提着大刀追着杀他外婆，要之后再去杀他母亲（外婆的女儿）。这个故事虽然有些极端，但更能彰显留守儿童的问题一面。乡下人进城打工，孩子留守在了农村，造成的留守儿童问题，是社会不得不正确面对的。

我记得小时候上学，离家也很近，不像现在，学校合并后离家远了。我曾与薛涌聊天时说过，我的母校有六个：小学、初中、中师、大学、研究生和博士。前面三所如今都不在了。小学早已合并并搬迁了地址，取了新名，就是薛湖镇第二小学。初中原来叫丁庙初中，后来改为薛湖四中，几年前就没了。这一带的孩子都只得去镇上或者市里的中学念书。这样，学生在中学时候就要离开家了。

因为小学更远了，孩子上学接送成为了常事，这与我上学时不一样，那时候孩子们放学回家吃饭后再回来上学，常常是成伙结对，一路上有玩有伴。现在家长的接送，就没有了这个场景和机会。其实我觉得学校本身就是一个地方的文化资源，给当地人点文气。而今，这些破败的学校校舍还在，却早已没有了读书声，校园里不是种上了庄稼，就是荒草丛生。乡村的这点"文气"也逐渐消失。这也就意味着，现在虽然校舍和教师条件比以前好了，但是另一方面，社会资本和文化资本这个社会场和文化场，或者叫环境，却不如从前了。这样，家庭经济状况好些的学生，往往就投奔到了城市读书。而家庭不在城里的人家，同样是子女与父母不在一起。

悟性与读书

　　人的悟性与读书的关系很难说清。六祖慧能没读过书，因偶然机缘听到别人读《金刚经》，一句"应无所住，而生其心"便一下子顿悟，而后遁入空门，弘扬佛法。不少书呆子却读书而无解，没点儿灵性，或者叫悟性。

　　有一次，我偶遇一位上过高中，没读过大学，现在在一家公司当司机的小伙子。他属马，今年 24 岁，本命年。因缘凑巧，我有机会很自然地认识了他，相处不足两天的时间里，我了解到他的悟性很高，对读书却没有多大兴趣。他办事利索，待人真诚，对人和事很有见地，而且乐观豁达，甚至对佛理都能以很朴素的观点说出自己的见解，颇为深刻。这些都是在自然而然的聊天里出来的，而不是有备而来"应考"的。

　　他给我讲了不少民间传说，有几个我印象非常深刻。他的故事好像都是小时候从他爷爷那里有意无意地听来的，而不是从书上看到的，因而也更宝贵。有些故事在书上是找不到的，我甚至在网上搜索都找不到。尤其他讲到一个故事，关于人头上长出了牛角的，几乎与我从父亲那里听到的是一个版本，只不过他的版本说是发生在他那个村子里谁谁的几代祖身上，我听到的是发生在我那个村子里谁谁的几代祖身上。大同小异的故事让我思考这两个故事背后是否有些共同的历史元素，关于牛的？还是关于饥饿的？还是……这个故事从网上是找不到的，人类学家或者民俗学家大概对这类故事会有兴趣。

我又在想，他听故事的过程，大概正是他的悟性被点燃的过程。这也是教育，可是现在还有几个孩子能有机会听爷爷奶奶讲"过去的故事"，讲民间传奇和传说？在电视、手机、iPad、iPhone 等普及的时代，"喜羊羊与灰太狼""海底总动员"这类东西已经挤满了孩子的时间和眼球所及。我还在想，虽然我认为读书总是好的，但不喜欢读书的人，不走上大学这条路，也挺好的。他就很喜欢自己的工作，就如同爱马的人总把自己的马弄得很干净，他作为司机，听我的朋友说，也总是把车洗得很干净，爱护得很好。

这就是教育上的分流。郑也夫在《吾国教育病理》一书中专门讨论了这个问题，认为教育分流一方面缓解了高考压力，缓解"学历军备竞赛"；另一方面，一部分不上普通大学的学生在职业教育上得到很好的训练。这位老弟分流到了社会上，直接进入工作，而且很出色。这里边有着教育工作者们要思考的东西，也是家长们可以反思的东西："行行出状元"，根据孩子的具体情况而定，不要都挤到高考一座独木桥上。我看他，比很多大学生或者研究生要优秀多了，他的书来自对社会和自然的领悟。

六祖慧能，虽然有很高的悟性，但是如果不是到了黄梅，师从五祖弘忍，大概很难有后来的成就。悟性好的别浪费了天资，璞玉虽是玉，仍然需要雕琢。

尖子·选材·陪绑

　　在清华那天的晚饭是一位老师做东的，还有她的几位朋友作陪，其中一位是商人。这位商人在聊天时聊到了教育，讲起了当年他小时候的事情。他在部队里长大，曾尝试学过跳水。他说，他跳了一次后，教练说："你再跳一次让我看看。"他又跳一次，教练说："你不要练跳水了，学其他的去吧。你的腿的形状不适合跳水。"当然，他后来没有练跳水了。

　　这个故事是说，如果真想在某方面发展，成为这个领域的尖子，必须在先天天赋里有这个东西，而行家对此有着甄别的眼睛。比如日本第一位获得诺贝尔物理学奖的汤川秀树，在是上大学还是念技校的问题上，他的校长也是他的数学老师就是别具慧眼的，校长说服了汤川的父亲，让他上了大学。

　　我以前有位老师有句话，叫作"尖子代表水平"，所以他就很重视尖子的培育。选拔是第一关，首先从中招考试语文数学总成绩入手选拔，后来通过数学和语文考试来大面积选拔，专门为这些选拔上来的学生开小灶。郑也夫老师一再呼吁，对一流或者超一流人才的遴选比培养更重要。他常常用体育界选苗子来举例子，因为体育界更容易观察。当然，选拔本身并不是容易的事情。这不仅仅是选拔标准的问题，更是一个利益博弈的问题。比如研究生选拔，属于高级人才的选拔，但是考试、保送、推荐信和面试都面临不同的问题。首先，考试，他发现时下研究生考试题目基本上都是死记硬背的，尤其是考试风格、题型经久不变，考生早就琢磨透了。他在北大就遇到很多被录取的研究生，交谈后惊异地发现，他（她）几乎什么书都没读过，能考上完全靠死记硬背加上题目的弱智。其次，保研的问题，主要在于为了获得保研的资格，就是保持好的"绩点"，也就是各门课都要有很好的分数。从而，学生成了分数的奴隶而不是伺候自己的兴趣。再次，推荐信的可信度更低，而推荐信本来应该是很好的参照。最后，面试往往流于形式，很难改变笔试的决定性。

尖子的培养还有个问题，就是不少家长要"赌"一把，不管自己的孩子天赋如何，看见丁俊晖夺冠了，就效颦小丁，看到郎朗大哥成钢琴王子了，也要培养孩子成为另一个郎朗。可是事实上，在这个赢家通吃的社会里，尤其是这种产生明星的体育文艺领域更是陪绑者居多，注定了不可能有几个人成功。冠军只有一个，就是加上亚军和季军吧，虽然已经很等而下之了，也不会有几个人。多数人注定在这条路上极为辛苦，而最终还是陪绑者。那天晚上几个人闲聊，一个朋友的同事讲了自己的"音乐苦旅"。他曾在河南赛区电视海选类比赛中获得过第四名，后来在东北吧台唱过，据说那是小沈阳唱过的地方，他的隔壁就住着后来在《中国好声音》上成名的某歌手。那些东北人欺负人厉害，动不动就打人，老让他买东西吃。他后来不再漂泊，回到了家乡，做房地产行业的销售，做得挺好。他的歌确实不错，他那天给大家奉献了两首，一首《吐鲁番的葡萄熟了》，还有一首用俄语唱的俄国歌曲。他在音乐上有一定的天赋。

即使是有了天赋，影响成才的因素也仍然很多。在北京地铁上，刚上去喘口气，忽然一个带着吉他的青年弹唱起来，而且边走边唱。唱得确实不错，嗓音很好，而且是真唱，富有情感。我马上意识到，这是流浪歌手，不得志的流浪者。我为他的勇气和执著所感动。因为，周围有不少鄙夷的目光。而且似乎地铁里也不许歌手在车上唱。我虽然不知道他的具体故事，但他背后一定有很多的心酸经历。实际上，好的歌手，没有机会和舞台，也徒然无奈。有人做过实验，名歌手放在了路边，获得的评价与之前有天壤之别。同一个人，换个地方就得到不同的评价。不是音乐不同了，而是听众的心理不同了。真正识货者不多。这就是包装的重要性了。

走出职业倦怠

　　吉祥是《齐鲁晚报》的编辑兼记者。我们的交往始于2013年7月，他向我为"青未了"随笔栏目约稿。吉祥是南京大学新闻专业毕业，修了社会心理学，听过南大周晓虹教授的社会学讲座等，对社会学（这是我的专业）也颇为熟悉；加上他读书涉猎面广，我们通过多次电话，很聊得来。我读过一些他写的文章和采访稿，比如关于清末和民国时代报人的《那一代人的新闻理想》《南怀瑾的"突围"》《为"学历军备竞赛"降温》等，都显示了他独特的分析视角和收放自如的能力。

　　这次回国探亲，我们在京师大厦我的临时寓所中见面了。"80后"的吉祥，温文儒雅，文质彬彬，笑起来略有矜持，不像通常所说的"80后"。那天晚上见面时，得知他刚采访了钱理群先生，内容自然是关于教育的。钱理群先生是教育研究界难得的一位大家，可是两年前却宣布"退出教育"了。不过，钱先生并没有真的退出，而是在教育之外谈教育，依然为促进教育的发展不遗余力地奋斗着。他要影响"醒着的青年"，影响一个是一个。吉祥很为钱先生的精神所感动。于是，我们随便聊天中，更多的还是关于教育。而且我从吉祥的文章中了解到，他也是媒体人中的"教育中人"。他对中美教育比较感兴趣，问我是否可以给《齐鲁晚报》写点稿子。我一时也不敢承诺，因为怕时间精力不允许，如果无法兑现承诺就不好了。

吉祥在聊天中问了这样一个问题，给我印象很深。因为我当时回答的也不令人满意，而事实上想来，我也确实无力很好地回答。这个问题是关于职业倦怠的。他说，他们新闻人，辛苦采访、写稿、编辑，文章出来后，常常得不到社会反馈，一天一天，时间久了就失去了那份激情。到底该如何克服这个问题呢？我觉得，几乎没有哪个行业的人们不会遇到这个问题，教师更可能在年复一年的工作中有这种倦怠现象的出现。我以前有位老师，当时教我们的时候，是刚大学毕业不久，很有激情，对学生要求很严，不好的学生，他可以揍两拳。学生对他的感情都很深，他教几个班级，每个班级的学生他都能叫出名字，好多人的名字他至今都还记着。那些受过他批评的，甚至被他揍过的学生，现在反而更尊重他、感谢他。可是现在，他已经教书倦怠了。据说，一则学生不学习，也不服管，看上去就来气；二则家长也不像以前的家长，溺爱孩子，不真诚了，老师就更懒得管了。这与吉祥的问题似乎无关，但又有关，就是都是职业倦怠了，原因有共同之处，也有不同之处。

我当时给吉祥提供了三点建议，可以尝试着据此走出职业倦怠。一则，多读书，多思考，把自己的好奇心保持下来。这样，新鲜的知识和信息更容易让自己保持一份活力。我觉得新闻人在这方面应该比教师更容易做到些。教师面对的是几乎同样的学生，年复一年几乎同样的课程。但是，学生在变化，教法和内容也在变化，时刻都有大小变化，只不过太习惯了，察觉不到了。二则，要把平淡当作常态。如同一个教师遇到一个让人眼睛发光的优秀苗子，是可遇而不可求的，新闻人偶然出了一个好稿子也是无法预料的，但更多的是感觉不到"社会影响"。即使如此，教师也一样要把教书的每个地方尽可能地做好，毕竟学生可获益；新闻人要把每个报道做好，就是影响了一个人，也是影响。如钱理群先生说的，"能影响一个是一个"。只要是好的影响就好。

三则，借用郑也夫老师说做学问的话来看，要有两个支点，一个是经世济民，也就是新闻人说的社会影响；另一个是智力游戏，就是把新闻的追求作为智力游戏来玩。这两者，前者很难把握，影响因素很多，后者比较可以把握，比较个人化。做教师的，他教出来的学生如何，不是只看目前考分就可以考量的，效果也许十几年或者几十年后才显现，但也很难说是某个教师个人的功劳。阿城有句话：青年人常以为事情可以由一个人做，中年人就明白成功的事情总是众人造成。以"成功的事情总是众人造成"这话来诠释教师教出好学生的功劳更贴切。

我们聊到很晚，可是给不出个满意答案。

　　我知道，吉祥是有着饱满的职业激情的。不久，我看到他采访钱理群先生的稿子登出来了，那就是明证。只是他有着这种担忧，这也是他的可贵之处。我不知道，教师中有多少人也有这种担忧。

家庭背景与同窗情谊

离开家乡永城之前，我去看望了当年的老校长，原永城师范学校校长杨永华先生。杨校长近 80 岁了，身体还硬朗，精神也饱满，正筹备五一节高中老同学来聚会呢。有的还从青海、内蒙古那么遥远的地方来。这份同学情谊真是宝贵难得。正好我 1994 年中师毕业，当时还是 20 周年纪念，同班同学也在商讨聚会的事情。可见同学之情是一种特殊的无价感情，超越了家庭背景、社会地位和金钱等世俗之物。

可是，有本书里写的同班同学竟然几十年了，恩怨难消，誓死不来往。这就是李伟东博士的《清华附中高 631 班（1963—1968）》（2012 年版）。这书是我在北京社科院社会学所进行学术交流时李博士赠送的。该书是在他北大社会学系的博士论文基础上修改出版而成。清华附中是红卫兵的诞生地，而这个清华附中高 631 班因为同学之间家庭背景的不同，分成了三大派：干部子弟为主的老红卫兵，平民子弟为主的四三派，和介于两者之间的四四派。这些同班同学从预科班资格的竞争开始，因为预科班按成绩录取，干部子弟竞争不过平民子弟，他们就不满；再到团员资格和班干部争夺；甚至到体育比赛成绩的竞争；加上政治上的阶级路线不同，造成了班级分裂，相互斗争，打人几乎打死，同班同学成为阶级敌人。其结果就是"清华附中高631班那样两拨同学间充满仇恨，45年不能化解，不相往来"。如郑也夫老师在序言中所说："虽非当事者，听闻这样的情形，笔者黯然神伤。1966—1968，一个什么样的世道。"

这本书虽然是写的40多年前的历史往事，可是这个道理对我们教育工作者仍然很有启发意义。当一个班级里有着不同家庭背景的孩子时，我们应该怎样处理好他们之间的关系，让竞争良性发展，让友谊和互爱得到生长，而不是让嫉妒和仇恨萌发。

那是个特殊的年代。当时的校长万邦儒本身出身不好，所以有些事情很谨慎，但又需要表现。这导致了一系列事情的恶化。比如，分班，把学生分成预科班和普通班，预科班几乎可以说是已经拿到了清华大学的录取通知书。可是标准是什么，不透明，"既没公开成绩也没解释。这使很多同学至今都不能理解"。结果弄得干部子弟和平民子弟都觉得照顾了对方，不公平。分班制造出了多重潜在对立：预科班精英学生和普通班学生的对立，不同阶级出身的学生间的对立，学校领导和学生之间的对立。只待一个突破口，矛盾就爆发了。

学生是非常敏感的，一点点不公平都瞒不过他们的眼睛。

一个学生说他的老师对某个官员的孩子或者某个富商的孩子怎样偏心，也是现在的学校里时不时会出现的问题。学生心目中对这样的教师或者学校领导的印象自然就不好了，怎么能没有积怨。清华附中高631班只不过是一个特殊时代的一个极端例子而已。通常而言，同窗之谊，是超过阶级、种族、社会的，是每个人一生中最珍视的情感之一。

李博士这本书一方面把我们现代史的"灯下黑"照亮了一片，另一方面对我们现在的教育也有警示作用。大家有机会不妨翻翻，很耐读，跟历史小说似的。

以交往为学生生活的视角

　　河南师范大学教育学院副院长李醒东是大学时高我两届的师兄，后来读了华东师范大学的博士，做教育哲学。这次去母校作讲座，李博士送我一本他的博士论文整理后出版的书《事件·场景·交往：中学生社会生活研究》（暨南大学出版社2009年版）。从我们的聊天中我了解到，他学的是教育哲学，可做的已经是社会学了，他要从实求知，搞起了实地调查，参与观察，了解学生生活。从学生的交往入手，分析学生的生活和学生的成长，这个视角很好。学生的社会生活具有教育性。当我拜读了大作之后，才明白他与我谈话时说的两个体系是什么意思。

　　我们的教育系统给学生一套东西，但是学生还有一套自己的规则，在日常的生活交往中，这套东西与上面来的不同，两者都有着很大的张力。当教师或者管理者不了解学生这套规则的时候，就很难管理好学生，对学生的问题找不着正确的"药方"。比如李博士参与观察的两个主题班会的例子，一个是"男儿当自强"，一个是"18岁，站在人生的门槛上"。前者就脱离了学生生活，效果不好；而后者体现了学生自主社会生活，就比较好。"18岁，站在人生的门槛上"这个班会集中体现了学生的社会生活，学校和教师只是舞台的搭建者，目的就是让同学们过自己的社会生活。比如在这个成人仪式上，把学生儿时的照片找来，制作成幻灯片；展示历史上的成人仪式和外国人的成人仪式；许下自己的生日愿望；父母的18岁；中国农村青年和外国青年镜头等；都是与他们的生活密切相关的东西，他们组织到一起，是他们自己的社会生活。正如李博士所说："真正感动孩子们的也许就是这些每时每刻发生在他们每个人身上的故事，还有在心底里留下的那些经历。"阿城小说《孩子王》里的"我"，让孩子写即使是"流水账"也是自己经历的"作文"，而不是抄写人人都一个话语的"社论"。教育只有回归到孩子们自己的生活，教育之光才能真正发亮，发力。

两个问题的答复

在不同的学校，老师或者学生们提出了几个相同的问题。我想就此对其中两个做一答复，不一定能答好。

第一个问题就是学生如何获得"定力"，如何能够静下心来。从中国人民大学的大学生，到地方上的中学生都问到了这个问题。他们说社会浮躁，静不下心来。其实，这个问题非常难回答。《金刚经》就是在回答如何"降伏其心"的。中国古典《大学》篇就讲：知止而后有定，定而后能静，静而后能安，安而后能虑，虑而后能得。可是，如何能做到"知止"呢？社会浮躁，诱惑很多，这个也想要，那个也想要，哪里有"止"呢？我告诉他们，首先读点经书，不管是《大学》《中庸》，还是《老子》《庄子》，或者《金刚经》《六祖坛经》，又或者《圣经》等古典经籍，可以化解一些外在的欲望，更好地回归本来的心，定力可以提高些。为什么武侠故事里那么重视武功的"心法"？就是练定力，没有定力，练不好武功的。其他事情也是这个理。其次是找到自己的兴趣所在，真正的兴趣，往往比较容易抵抗外来的诱惑。再者就是有意识地锻炼自己的忍耐力和意志力。有自我控制能力，是做事情成功的必要条件。斯坦福大学数十年前的棉花糖实验，告诉我们自我控制能力强的孩子，后来发展较好。这些建议也仅供朋友们参考。

第二个问题是老师们一再问的，如何做到既让学生素质得到发展，又可以让他们高考（或者考试）成绩好。也就是避开以应试为唯一目的的弊端。我觉得，"军备竞赛"下，这是很困难的一件事情。因为你的学生发展得好，但不一定考得过那些狠抓"考试"的学生。人的时间和精力有限，分配在此处多些，彼处就少些。一个班里，有人就抠课本学习，一遍一遍复习，有人画画、打球，轻松拿到好分数，但很可能考不过那个复习得滴水不漏的学生。可能若干年后，后者发展得更好，更有潜力，但如果高考就按这个成绩，前者被录取的概率大。关键就在于录取是个零和博弈。我在商丘和永城乘车，座位的盖布上有某艺术培训学校的广告语，这样写的：你不来，你邻居家的孩子可能会来！就是这个"军备竞赛"，带来了教育上极大的牺牲。如何做到"四美具，二难并"，实在不好回答。但是，我认为，如果真正让学生脱离了应试教育，注重素质发展，通常考试上也会好的，考试本身就是素质的一部分。这是有着实践经验支持的。

顺便说一点，我从与一些中小学师生的短暂接触中，发现如今虽然小升初等考试取消，一再呼吁减少考试，而事实却是考试很频繁。小学里的竞赛考试也是一再举行，而考试分数就是评价教师和学校的硬指标。我的同学监考的、改卷子的，一个个忙得不得了。当了班主任的更是忙了。家乡某重点高中据说几乎每年都有过度劳累而为教育献出生命的年轻老师。班级规模好像七八十人的正常，多的还超过一百人（当然是城里学校，乡村学校中不少学校有的都可以办复式教学班了）。我感到压在教师肩头的负担过重，而且教师收入也不高。有些老师家庭经济条件原本就比较好些，要么配偶从事其他工作，收入较好，要么自己业余赚些钱。真不容易。我大学的一个同届老同学，教高中语文，如今看上去显得那么苍老。他用业余时间学二胡和研究花卉来让自己保持一份心灵的安宁，减少对教育的不安。

"关系型"教育：一种教育观念

"关系型"教育：一种教育观念

我对教育的观察和思考，多年来朦朦胧胧有种感觉，有一样东西在教育里很重要，但是到底是什么呢？一时说不清楚。我在反思自己的求学道路中遇到的那些老师、班级组合、特定同学和当时的特定学校与制度背景的时候，写了一些回忆文字，放在了《"八字"与人生》一文里，来说明制度背景与个人运气对一个人成长的作用。最近在阅读经济社会学文献的时候，遇到了这么一个词——"关系型工作"（relational work），在对教育问题的思考上，让我眼前一亮。关系型工作是建立在经济社会学经典概念"嵌入性"上的。社会学家批评主流经济学家，认为他们忽视了经济活动中很重要的东西，就是任何经济活动都是发生在一定的关系之中的；用行话说，任何经济活动都是"嵌入在社会结构和社会关系之中的"，既受到这些结构和关系的限制，也从这些结构和关系中获得优势。于是，我就联想到，在教育上，任何教育活动不同样都是发生在一定的社会结构和关系中的吗？学习和教育活动是在师生之间、师生和学校领导之间、学生之间、学生和家长之间等关系中发生的，难道不是这样吗？但是这里面的关系又不一样，不一样的关系不是同样会或者制约或者促进教育和学习吗？我就想到，是否可以用"关系型教育"（relational education）来概括这种教育理念？真是"太阳底下无新事"。到网上搜索这个关键词，结果发现这种观念早已有了，用词正是"relational education"和"relational learning"，而且基本含义与我的预想基本一致。而且这一理念最早可以追溯到著名的英国教育家夏洛特·梅森（Charlotte Mason）那里。

夏洛特·梅森有句名言：教育是关系的科学（education is the science of relations）。这里的关系包括人与自然和事物的关系，也包括人与人和人与自我的关系。国内对梅森的家庭教育关注较多，但是对其中的"关系"理念注意很少。在梅森的关系理念基础上，关系型教育在美国成为一个颇受关注的教育理念和实践。美国社会建构论代表人物之一，社会心理学家肯尼斯·格根（Kenneth Gergen），对这种教育很有研究，他担任院长的陶斯研究院就在做关系型学习研究。格根的研究成了现在关系型教育研究的理论基础。这种教育理念是针对传统型的教育提出来的，传统型教育多为教师传授知识，学生接受知识的单向教学，其中最主要的关系是师生之间的等级关系；而关系型教育则把师生关系转为平等的关系，不仅注重师生之间的教学互动，更重视学生之间的关系对学习和人格的促进作用。

在实践中，对这种教育理念也进行了实施应用。比如，克利斯·莫科格利亚诺（Chris Mercogliano）在《关系型学习说了什么》（*Relational Learning-Say What?*）一文中介绍了他的教学经验。比如，在课堂上，不是传统上的学生坐成一排排，老师在讲台上讲，而是围成圆桌，老师和同学们一样坐在其中，老师是学生中间平等的一员。为了充分利用学生学习的自我教育能力和在与同学互动中学习，老师把学习项目布置好了，老师做老师的项目，学生做学生的项目，采用团队工作，或者叫作小组学习的形式；学生遇到了问题，来老师这里获得解答。如果学生之间发生了矛盾冲突，老师出面，引导他们如何和平地处理冲突关系。他认为，在学生之间建立的友好关系和学生之间的相互学习中，学生才能真正地学习到该学的东西，对生活真正有价值的东西。因为在这个过程中，每个同学都是积极的参与者、过程的体验者和知识的探索者。我想，这确实是件很有趣的事情。在我的记忆中，课堂上许多东西似乎都不记得了，但是某次从某个同学那里学到的某些东西，或者一起做的某个项目，却是终生难忘。而又有多少人会把这种学习当作教育的重要部分呢？

写到这里，我觉得莫科格利亚诺描述的课堂教学方式，与日本教育家佐藤学的"学习共同体"所讲的"U"型课堂多么接近。佐藤学的"学习共同体"理论现在受到越来越多的国人的关注。我觉得"学习共同体"理论和实践是对"关系型教育"理念的具体化和体现，其基本理念是建立在关系基础上的，目的也是为了改变传统的单向给学生灌输知识的教育，提高学生的创造性思维、批判性思维以及沟通合作能力。他要构筑老师之间相互学习的同事关系，课堂上老师和学生之间的相互倾听和对话的关系，并让家长们和社区成员参与进来协同教育。为了实现这些目的，佐藤学提出了"学习圈"概念，最终实现"学习共同体"。我感觉他的"学习圈"类似于社会学家费孝通研究中国社会的一个概念：差序格局。只不过差序格局说的是以个人为中心，像一个石子投到河面泛起的水波纹，一圈圈向外扩展；而佐藤学的"学习圈"似乎是以学生的学习小组为最小的圈，然后扩展到班级、学校、地方社区。这实际上是一个闭合—开放网络结构模式。越在里层的学习圈，网络的结构密度越高，成员之间交往越频繁，联系越紧密，形成一个紧密的"封闭式的小圈子"，但是它与更外边的圈子又有着联系，保持着一种开放性，越往外的圈子也就越松散，交往也越稀少。综合在一起构成了封闭—开放式的"学习共同体"。因此，这种学习共同体，本身就是一种关系网络。这是我对佐藤学的"学习共同体"概念的"关系"解释。

为了说明关系型教育和学习的优势，莫科格利亚诺举了一个具体的例子，展示同学之间的友谊对于学生精神疗伤和积极转向的重要作用。阿伦同学十岁的时候来到了莫科格利亚诺面前，很不成样子。阿伦的母亲吸毒，他与父亲一起生活。阿伦也在过去的三年里吸毒了，这对上学很不利。阿伦已经很长时间学习退步，还有行为问题。莫科格利亚诺任教的学校接纳了他。在这里过了几个月后，阿伦竟然慢慢地与另外两个同龄男孩成为了好朋友，甚至形影不离。更幸运的是，其中一个男孩艺术能力很强，是个小画家，他教阿伦和另一个朋友画画。到年中的时候，三个人可以在一起画画几个小时。逐渐地，阿伦学习上能跟上其他同学了，注意力得到了极大提高，很少再发脾气了。到了年底，阿伦在数学和阅读上都有了起色。到了第二年夏季，他决定还是回到原来的学校。远离了毒品，学习上没有困难了，在正常的班级学习，而且没有再犯老毛病。正是同学之间的友爱，帮助阿伦完成了"浪子回头"的壮举。我们有时候爱学校，喜欢上学，不也是因为那里有我们的好玩伴吗？不管在哪里，结识到这种好玩伴都是幸运的、幸福的。哈佛大学的普特南教授与同事合作研究了参加教会的人与生活幸福感的关系，发现并不是参加教会活动本身带来幸福感，而是在教会里找到的"志同道合"的朋友网络带来了幸福感。

因为对分数的公开和保密的措施不同，中国学校里公开的"分数"和"成绩排名"似乎对学生之间关系的影响很大。根据刚刚大学毕业的李蕴哲同学的观察，分数在中国的中学影响着方方面面，包括同学之间友谊的建立。他在通信中回忆说："初中时排座位是按照分数，成绩好的同学先挑，成绩差的同学就只能坐剩下的最后几排。所以，成绩好的同学之间一般关系都不错，因为至少地理上亲密；同理，成绩差的同学之间都是哥们儿。而这两个网络之间却很少联系，造成了不必要的隔阂。"高中的时候好一些，没有这么极端，但以分数论英雄的所谓"好生"与"差生"之间互相看不起，很难建立友谊。只有在高考之后，也就是"在大学，分数的影响力严重下降，同学之间的关系正常化了，友谊更加深入和持久，相互之间的学习和帮助更加频繁，因此还是学到了一些'对生活真正有价值的东西'的。"如何打破这种"分数"与同学友谊网络的不良关系，是值得教育工作者研究的问题。如果某同学在一个班级里成了无名小卒，在老师和学生眼里都像没有这个人似的，这个时候，就是该同学与他人和环境的关系出了问题，在这样的环境里，个人的自信和能力发展何从谈起。这里不谈谁的责任，但是这里肯定是关系出了问题，从而教育和学习就不能够正常地进行了。几年前我曾建议我一位中师同学注意观察自己班级里的学生之间的友谊网络与学习的关系，他后来写了一篇几百字的小文章发表在教育报刊上。但是，他没有继续做下去。希望有心人可以注意这个方面的研究。

我们回想一下我们的求学生涯或者人生旅途中，是不是都会有某个老师、某个同学、某个人物给了我们很大的影响？而这些都是教育，这些教育都是发生在与他人的关系之中的。莫科格利亚诺最后总结，到底关系型教育说了什么，或者什么是关系型教育或者关系型学习：学习是在关系中的学习，学习处理关系。

　　关系型教育更注意教育常常发生在一个个具体的互动场景中，这些场景不仅是学习知识之源，更是人格形成和行为动力的源泉。当我母亲跟老师说好话，请求延期缴纳学杂费时，老师的善意和鼓励这个场景在我的心灵里的触动，不仅是生活的艰辛，还有善解他人难处的美德、帮助人一把的善举；当我做出了一道难题时，老师一个肯定的眼神就让我和这位老师建立了一种难以言表的默契和共同努力的关系；当同学看了我的文章由衷赞叹时，我感觉到了同行路上又多了一个"高山流水"的知音，增加了前行的勇气和动力。这些都是发生在与他人的互动中的，不一定是在课堂上，也不一定是在师生正式的教学活动中，但是每一种场景都是一种关系的互动，并且形成着一种新的关系，连接着互动的双方。

　　关系型教育和学习还特别强调同学之间的合作，而不是竞争。通过小组式或者团队式的学习，来增长知识和能力——不仅是人与自然之间的关系的知识和处理能力，还有与他人之间的关系的知识和处理能力。我们的教育似乎因为排名和高考的相互竞争造成了同学之间不太愿意帮助他人学习的情况。这是教育的极大失败。知识在人与人之间的流转不仅使双方得到了知识上的提高，更加因为在这种流转中同学之间的友好互动产生了增强"凝聚力"的黏合剂而让人在心灵上有了"温暖的家"。美国著名教育家内尔·诺丁斯（Nel Noddings）提出的"关怀伦理"理论，就强调道德教育中"关系的重要性"。关怀方和被关怀方之间是互动互惠的关系。"关怀伦理本身就是原则伦理。它的基本原则是：所做的一切都是为了建立、保持或提高关怀关系。"

从关系型教育角度看，我有时候觉得，一个教学业务很好的老师，远不如一个能把班级同学间关系调理好的老师对一个班级的贡献大，对这班学生的教育的功劳大。郑也夫在《师·友·赛米纳》一文里认为，在缺乏一代好导师的情况下，读研究生的时候，"学友"的重要性在普遍的意义上当在导师之上。"这批人聚会在一起，相互间的切磋、砥砺、交流、刺激，助成了他们思想与学问的成长。学友们成长于同一时代，感受到同一种刺激、诱惑和压抑，因此他们间的切磋争论带有师生间的讨论难于具有的现实性、针对性与切肤感。"其实，不仅仅是在研究生阶段，任何阶段的学生，同学之间的学习，如果利用得好，我以为都远远大于课堂教师的重要性。

那么教师的角色该如何定位？为了鼓励学生间的沟通与合作，教师要对学生进行团队教学。就像前面所说的，教师不仅是教育和学习活动的组织者，也是平等的参与者，随时观察学生、调整关系的学习者和探索者。莫科格利亚诺认为，更重要的是教师要随和，是学生可信赖的榜样，而不是那种高高在上的权威人物。当然，爱心是这一切的基础。爱心带来爱心，关怀带来关怀。为了让每个学生都不会成为"无名小卒"，像个不存在的隐形人，每个学生都要有导师，都要有人关注关心他们。这就要求每个学校的学生人数不能太多，比如不超过两百人。我发现美国的学校班级人数都限制得很低，小到幼儿园每个班的人数，大到大学课堂人数。有大的公共课，通常还有小班级讨论配合，小班级人数一般是 25～30 人的上限。博士研究生课堂基本上都是限制在 15 人以内。而国内的课堂，以我的经历，大都是很拥挤的课堂，小学一年级 50 人左右，初三毕业班近 80 人，大学时一个班是 59 人。人数太多的班级，教师的时间和精力很难照顾到所有同学，不容易建立起在认知和了解基础上的有益于交流学习的师生网络关系。

虽然关系型教育强调团队合作学习，但是同样重视独立学习。我们中的许多人很重要的学习发现都是自己单独做出来的。静默和自我反思是苏格拉底式获得"知识"的重要方式。但是，这种形式上"独自"的学习，在内心依然是一种关系取向的学习。在学习中，要想象一种这种知识对应的自然、对应的人文、对应的科学、对应的日常生活的关系。如果与这些关系都无关，那么学习这些还有什么意义呢？社会学家柯林斯认为，这种个人化的情感活动，也是与他人互动链上的一环。独自学习的时候仍然带着与他人互动中产生的情感能量，或者动力和情绪。比如，明天我要面对师生讲解我对某篇论文的理解，那么我现在阅读这个论文就不是一个脱离关系的"孤立事件"。个人的感觉、信仰、喜好都是有对象物的，个人和这种对象物发生了关系才能认识它们、了解它们、正确地处理与它们之间的关系。薛涌在《北大批判》一书中就认为，读和写是事业成功的关键，而读和写的目的就是帮助"建立自己与世界的关系"。薛涌批判的就是我们的应试教育不注意对这种"通过读和写与世界建立关系"的能力的培养。获得的知识也可以让自我与内在的自己建立更深刻的关系。因此，学校和教师也要给学生足够的独处的时间和空间，让学生自由活动。

总之，关系型教育和学习，要求我们从"关系的角度"来思考教育和学习活动，一切教育和学习活动都是在关系中发生的，并且在其中学习建立和处理这些关系。在我们教育活动中，不妨时不时地用梅森的名言提醒自己：教育是关系的科学。反思我们过去的学习中的关系经验，观察现在的教育活动，从而努力处理好这些教育和学习中的关系。而且要提醒自己，这里的"关系"，不是我们社会里庸俗化了的"走后门，拉关系"的关系。这种关系型教育是以生活本身为取向的，让每个人生活得更美好，让教育在美好的生活中行进。

学生心中"看不见的黑板"

　　每个学生都需要欣赏者和支持者，而教师通过作为学生的欣赏者和支持者，可以对学生产生根本的影响。这是今年美国"国家年度教师"奖获得者肖恩·麦考（Sean McComb）教育理念中值得我们思考的一点。他说每个学生在他们的生命中都需要成人重视他们、相信他们，对他们有很高的期望，直到他们自己对自己有这种期望。

　　麦考是帕塔普斯科高中与艺术中心的英语教师。他工作时间不长，仅用八年时间就获得了每年只有一个名额的"国家年度教师"奖。从他的经历我们可以看出，他具有对教育的独特的理解和很强的执行力。他有个很好的比喻来说明对学生的这种支持和欣赏，即每个学生心中都有一个看不见的黑板，黑板上会有什么，就看外界环境给予他们什么，是支持和信心，还是怀疑与否定，直接关系到学生的心灵健康成长。

　　作为教师，要给学生以希望和信念，从这块黑板上抹去负面，填充上价值感、高期望、关心和同情。每朵花都需要阳光，但是，老师们很容易给那些表现突出的学生送去阳光，而往往忽略那些边缘学生，这是非常值得教育者关注的事情。那些需要关怀的学生，却往往得不到阳光，阴影越来越重，产生了后续的不良影响，甚至终身难以清除。

麦考这个信念来自于他自己的成长经历。他高中有位老师舒尔茨先生（Mr. Schultz）在他的成长过程中起到了关键作用。那时候，他母亲酗酒，父亲又短期失业，家庭氛围很不好。这时候，舒尔茨老师给了他很大的帮助和鼓励，使他得以上大学，才有了后来成为一个好教师的机会。他在自我陈述中用了很长的篇幅回忆舒尔茨老师对他的影响。后来在教学中，他也以自己为例子，告诉学生可以通过努力，克服逆境成为一个优秀的公民。

对于一个学生来说，有个人生导师是非常重要的。学校实行导师制，大概可以起到这样的作用。关键是教师与学生能够建立一种互信和知心朋友的关系。麦考也再次提到了建立与学生的良好关系是多么重要。阳光照进心灵，必须有一个信任的关系把心灵之门打开，才能让温暖的阳光照进来。北京大学社会学教授郑也夫就多次呼吁教育上的导师制，他说"年轻人需要一个忘年交"。如果我们仔细回忆一下我们生命中曾经遇到的老师们，大概也可以发现，有些老师其实已经充当了这个人生导师的角色，让我们一生难忘。

麦考的教学目标很明确：让自己的学生成人的时候成为社会上的佼佼者。麦考说："马不喝水，不能强按头。"但是，他话锋一转，又说："虽然我们不能强迫它喝水，但是我们肯定可以在麦片里加些盐。"我们可以想到不少新方法，比如现在是网络时代，很多知识在网上很快就能搜到，学生就不满足于早年的教师按课本来讲课的方法了，必须创新教学方法，让问题具有挑战性，并且解决学生实际生活中的问题，才更容易让他们感兴趣。

在这个过程中，学生就把教师的言语和行为，记录在他们心中那个看不见的黑板上，这对学生也是一种教育和影响。所以，教育不仅仅是讲课，一切与学生有关的，都在学生的眼里，是他们学习的材料。实现这个教育过程，必须注意让每个学生都在心灵里洒满温暖的阳光。为了让那些有志于上大学而成绩一般的学生能够实现大学梦，麦考与同事一起组织了"个人决心进阶"大学阅读项目。他们的学生实现了98%被四年制大学录取的好成绩，从而使他们所在的高中首次登上了《华盛顿邮报》和《美国新闻与世界报道》最佳高中排行榜。

麦考的经验和教育教学理念再次提醒我们，教育者要把爱心阳光洒进每个学生心里，尤其是在班级里表现不突出而容易被忽视的学生。蒋勋先生曾在分析《红楼梦》人物时讲到对边缘人和卑微者的同情和关爱，也提到教育上我们是否做到了这一点。教师往往很容易注意到那些学习好的学生，记住他们的名字，给他们较多关爱，而其他学生却得不到这些。其实其他学生更需要关爱和温暖，他们的心灵更需要阳光，得不到他人欣赏和鼓励，只会让心灵干涸。我们成人尚且需要有欣赏者和鼓励支持者，何况成长中的学生？

建立师生信任关系的策略

　　通常，教师表扬学生是为了鼓励他们，是对他们学习或者行为的一种积极反馈，但不是所有的表扬都能带来正能量。同时，教师偶尔批评性的反馈也是为了让学生进一步提高自己，纠正原来错误的地方。有些教师，为了在批评学生时不伤害学生的自尊心和自信心，通常先给予表扬，然后话锋一转，才给出批评性的反馈。但事实上，美国哥伦比亚大学、芝加哥大学、耶鲁大学等大学的研究者的合作研究表明，首先是师生之间信任的建立，才能让建设性的批评性反馈发挥积极的作用。否则，只能适得其反，即使表扬也会让学生觉得受到了侮辱，伤了他们的自尊。

　　这个研究主要通过实地实验，来考察在黑人学生面对歧视和偏见的情况下，如何打破这种认识，恢复师生之间的信任，让学生接受教师的批评性反馈，改变自己的学习方式。建设性的反馈是促进学生社交、道德以及智力等方面发展的最有力的工具。表扬通常被认为是好的激励，但是，对于那些黑人学生，即使是表扬，如果是不受信任的白人教师给予的，就会让他觉得，取得这样的成绩也表扬自己，简直是侮辱；如果是批评性的反馈，指出其需要改进的地方，就会使他认为这是教师对他的偏见造成的，而不是作业本身真有问题。

为什么教师提出表扬比提出批评要容易得多？这是一个"指导者困境"。我国古代的《学记》中曾提到，"亲其师，信其道"。有了一个良好的师生关系之后，才容易处理好学习中的问题。学者们的研究也发现，批评性反馈要建立在师生信任的基础上，尤其是当反馈互动中存在模糊性的时候更是如此。这个模糊性就为学生解释这种反馈提供了空间，明白是真的要帮助他们改进，还是一种偏见使然？一旦没有信任，学生就会陷入一个恶性怪圈，越是不信任教师，越难改进。

为了恢复信任关系，消除黑人学生可能对教师产生的不信任感，聪明的反馈策略就是，让黑人学生认为批评性反馈是教师的高标准，而不是偏见。高标准很重要，比如黑人学生，一旦他们觉得教师对他们的标准降低了，就觉得白人教师歧视他们，觉得他们智商不够。再者，教师在批语里要提到，相信学生有达到这一高标准的潜力。这是一种期待，这种期待是师生共同的目标，让学生感受到自己真的融入了这个集体。之后教师再提供可能的资源来帮助学生改进不足，就更让学生感觉到教师的诚意。

研究实验就是采用这种聪明反馈策略，实验对象是7—10年级的学生。实验结果发现，通过聪明反馈策略，黑人学生成绩增长了一倍多，白人学生增长了大约40%。这种方法让黑人学生对白人教师更加信任，成绩增长非常明显。而白人学生通常没有这种不信任感，成绩提高得就没有那么明显。这个研究的根本意义在于，让教师更加注重课堂上学生的心理活动，形成一种相互信任和共同参与的氛围。

虽然我们的学生和教师之间不具有这样的族群差异和偏见，但学生家庭背景的落差也可能很大，家庭背景差些的学生可能认为教师对他们有某种偏见，难以与教师建立信任关系，从而将教师的批评性反馈归因为教师的偏见。所以，教师要巧妙运用聪明的反馈策略，让学生从教师的批评性反馈里获得进步和提高。

总之，由于牵涉学生敏感的内心，因此不论反馈是批评的还是表扬的，教师都要格外注意，用智慧，讲策略，从而建立彼此信任的师生关系。

生命成长所需要的四种空间

不少国内的朋友抱怨，现在的孩子上学太累了，每天有做不完的作业和各种考试，假期还要去上这班那班，否则怕落后了。这就是我们教育的一个很大的不足：不给孩子留下充分的空间。时间上不留自由活动的空间，思考上不留自由想象的空间，环境上不留亲近大自然的空间，兴趣发展上不留自由选择的空间……没有充足的自由空间的教育，培养不出健康成长的人才。老祖宗很智慧，老子早就告诉我们空的部分之大用：有之以为利，无之以为用。比如日常用的碗，中间空才能发挥碗的作用；有门窗，房屋才能称其为房屋。可是我们似乎忘了，教育更需要给孩子留有充分的自由空间，让孩子像树苗一样向天空自由舒展枝丫，接受阳光雨露的滋养，健康生长。

第一，时间上给孩子要留有充分的空间，为他们的自由发展提供基本条件。有人说美国是孩子的天堂，这话是有道理的。孩子们通常把作业在课堂上完成，课外活动五花八门。他们像自由快乐的小天使，走向阳光下的大自然，吸取天赋的智慧。中国古人说，智慧来自"仰观天文，俯察地理"，都是向大自然寻找智慧。小孩子更要有足够的时间去接触大自然，去体验实物，而不是从小就辛苦学习那些抽象的符号。

卢梭在《爱弥尔》里说："一般来说，只有当你不可能将一个东西展示给他看时，你才用符号来代替这个东西。因为符号将会吸引孩子的注意力，使他忘记符号所代表的东西。"实际上，从形象思维早于抽象思维发展的规律看，我们也应让孩子多些时间去认识实物而不是抽象的文字符号。美国的儿童博物馆很多，其实里面都是仿造生活环境的，比如农场、电话亭、邮局、超市、厨房、公共汽车等模型，让孩子通过这些模型来学习。孩子们快乐地玩，在玩中不知不觉地增长了知识和能力。

第二，给孩子留有充分的想象空间。我记得上中小学的时候，自由想象的空间不大。比如语文课，老师大多是把段落大意和文章的中心思想抄写到黑板上，学生抄写下来就开始死记硬背，也不理解是什么意思。也有好老师，比如我小学高年级的语文老师，很注意让学生来总结，并发表自己的意见。但是因为整体氛围不是鼓励学生积极发言和自由联想，所以达不到美国课堂上孩子们能找到发散多样的答案的效果。在美国，从小学到大学，老师们都很注重学生自己的想法。长大成人，工作了，他们更加会有自己独特的思考和见解，更能创新，而不是千篇一律。孩子和大人一样，必须给他充足的自由想象的空间。"填鸭式"教学就剥夺了孩子自由想象的空间。

第三，要给孩子留有充分的亲近大自然的空间。有时间的保证来亲近大自然之后，我们在环境上也要留出足够的空间，提供物质保证。现在的学校，大楼通常都富丽堂皇，而在校园里边，一个好的操场、一个好的草坪花园的作用都不比堂皇的大楼小，甚至更大。孩子需要的环境空间不仅是学校和家庭，还有生长的社区环境。"蜗居"是不少家庭的现状，好的公园就成了平民百姓的心灵修炼场所，孩子在这里可以快乐地玩耍，尤其是独生子女在这里可以找到玩伴，就更好了。高楼林立的促狭的空间，会窒息人的心灵。

还有一点也非常重要，就是给孩子充分自由选择的空间。在美国幼儿园，那里的玩具和设备各式各样，自由活动时间小孩子各自干自己喜欢的事情，或画画，或剪纸，或敲鼓，或看书，真是八仙过海，各有玩法。我觉得美国教育中非常好的一面，就是尽可能给学生提供多样性的选择。北京师范大学王英杰教授有一个很好的比喻：美国高等教育是一座大楼，里边都是通着的。上了职业学院，还可以转到大学里，社区大学的本科生还可以转到名牌大学。中国的这座大楼则是封闭式的，里边各自基本不通。地方职业学校的学生可能转到国家重点大学吗？同一个大学，转系容易吗？我上大学的时候，一开始学校领导就告诉新生了，要转专业，先交8000元钱。美国大学生换专业是家常便饭。为了增加学生的选择，美国不少高中都开有大学课程，本科生还可以选修研究生的课程。

教育，是孩子成长的花园；空间，是健康成长的条件。禾苗要得到充分的阳光雨露而茁壮成长，这个花园就一定要有充分的空间。最基本的，要让孩子拥有充分的时间、思考想象空间和自主选择空间。

归类人才谈教育

被一分为二的元代画家黄公望的名作《富春山居图》去年终于合璧，在海峡两岸闹得轰轰烈烈。很有意思的是，这幅画竟然是黄公望70多岁才开始创作，经数年完成的，堪称他最好的作品。70多岁还有这么好的创作力，令人感佩之余，不由得思考年龄与创造力的问题，或者更确切地说，是对人才的认识问题，是教育教学中该如何对待教师和学生的观念问题。

美国芝加哥大学经济学家戴维·格兰森（David Galenson）通过数年精心研究，对人才做了分类：一类是概念型人才，属于少年天才型，比如画家毕加索，26岁就完成了生平最好的作品之一《亚威农少女》；另一类是实验型人才，属于大器晚成型，这类人才是通过不断地探索和试错，很晚才完成伟大作品的，比如"现代艺术之父"塞尚，67岁去世前完成的作品才代表了自己的最高水平，其主要作品都是在40岁之后完成的。

格兰森的这种人才归类对教育有两点重要意义：一是教育增强了人才成长的可能性，包括教师和学生；二是打破了我们对"少年天才"的崇拜和对潜在的"大器晚成者"的忽视。

作为教师，我觉得一定不要轻视每一个学生的潜力。这种轻视，有时候是一种蔑视，让学生刻骨铭心，终生难忘。这既不符合师德，也是不懂人才展现才能的规律的表现。李白说过，"宣父犹能畏后生，丈夫未可轻年少"。我见过一位当年考中专时英语只考了几分的学生，因为英语老师很瞧不起他，他就以"我就不学你的英语"来对抗。他的老师恐怕怎么也想不到，数年后这个自己如此瞧不上的学生会在美国读法学，当起了大律师。其实，如果我们回想一下，身边发生的类似事情应当不太少见。有些人有后劲，只是时候未到，条件不具备，还没有展现出来而已。

所以，我们的老师应当善待每一位学生。即使他们未来平平凡凡，当老师的也不能因为他们的平凡而冷言冷语伤害他们。

"少年天才"和"大器晚成"两种类型的人才，同样要重视，不管是学生的学习，还是教师的成长，我们都应该力求让他们能够发挥出自己的才能。可是现代社会对大器晚成型人才很不利。张爱玲说过，"出名要趁早"，这话在现代社会太有道理了。一个人出名后，各种资源和支持都来了，更利于他们的发展（如果他们不会骄傲自满、故步自封的话），这样就出现了名人更容易出成绩，于是更加有名的循环；而出名晚的人，面对有限的资源被不均衡分配的局面，出成绩、出名就非常困难了。这个马太效应让大器晚成者成才更艰难。

　　为了避免对大器晚成型人才的扼杀，当教师的，在对待每一位学生时，都应该凭自己的良知和爱心，绝不可轻视他们中的某一个，更不能说出像"你要是能考上大学，我围着教室爬几圈""你要是能成才，那才叫活见鬼了"之类的话。有上进心的青年教师，有些虽然走得慢些，学校领导也同样要扶持，慢工出细活；已经成名的名师，不妨利用资源，和志同道合的老师们一道，打造一个优秀教师团队，通过这种团队交流沟通，让不管是少年天才型还是大器晚成型的老师都得到提高，最终实现教师成长、学生受益、教育受益。一个教师，再优秀也只是一个人，而学生的成长是诸多教师的合力作用的结果。

　　教育，既是教育学生，也是教师的自我教育。人才有"早慧型"，也有"晚熟型"。格兰森对人才的这种归类，对我们的教育确实富有启发性：我们不仅要善待"少年天才"，更要善待每一位潜在的"大器晚成"型人才。

中国教育的出路

后文凭时代

当代中国社会随着现代化的推进，社会问题也在变化，教育问题成了国人最为关注的焦点之一，有些学者认为中国问题最多的领域是教育领域。笔者从上小学以来，还没有离开过学校，而且三年中师毕业之后还念了四年师范大学的教育系，和教育缘分很深。最近为《教师月刊》写了几期专栏，从而迫使自己更多地思考起教育问题来。

一、文凭时代

（一）从一本小说开始：迈克尔·杨的《知识精英的崛起》

社会学家通过写小说，也可以做先知，当预言家。英国社会学家迈克尔·杨（Michael Young）在 1958 年出了一本《知识精英的崛起：1870—2033》（*The Rise of Meritocracy*），该书是以写于 2033 年的"手稿"的假设出现的，预言在 21 世纪初英国这个贵族统治的社会就要变成知识精英统治的社会了。贵族统治的社会是以继承或者委命为地位获得原则的，而社会的发展将是以教育和知识的获得为基础的社会分层原则。社会学家把前者称为"先赋原则"，比如出身家庭的阶级地位；后者叫作"成就原则"或者"自致原则"，比如你学习成绩好，考上了大学，靠自己的能力找到了好工作。在现代社会，这个"成就原则"就发挥了社会分层的决定作用，英国就不能再供奉一个没有必需的技术能力的统治阶层了，这个社会的进步速度"取决于权力和智力的结合程度"。为了适应这一需要，学校教育进行了系列改革，逐步地确立了知识精英原则。根据"智商加努力"的标准，每个人在社会中占有自己的位置；到1990 年左右，如果你的智商在 125 分以上，那么你就可以进入知识精英的阶层，这样就形成了一个基于教育的精英阶层。

这样的知识精英统治的社会里，所有的天才人物，也就是天分高的人都被层层过滤后留在了精英名流阶层里，下层的人们地位低就只能认命，因为老天爷没有眷顾，给他们高的天分。这样就给下层人的心理上留下一种被"淘汰"的烙印。于是，2034 年爆发了民粹主义者发起的反抗运动，经过半个世纪之久，这种知识精英统治的社会制度宣告结束。

这本书是探讨教育和平等问题的，教育导致的知识精英统治的制度最终被颠覆。我们先不讨论这种颠覆是否可能，因为目前还没有步入真正的知识精英统治的社会。但是，迈克尔·杨的这一基于教育的"成就原则"的知识精英统治的预言，似乎正在我们的周边社会里成真。不愧是社会学家写的小说，本质上还是一本讨论社会分层机制的学术书。

（二）文凭社会：贝尔的预言

"一个社会对于正在发生的事情找不到语言来表达是可悲的。"丹尼尔·贝尔（Daniel Bell）在《后工业社会的来临》（*The Coming of Post-Industrial Society*）一书中这样说。贝尔无疑是这个大时代的智者，他从技术的角度，预言了"后工业社会的来临"。在后工业社会的最初逻辑中，它也是一个知识精英社会。在这样的社会，地位和收入差异取决于是否具有技术能力和是否受过高等教育。这是因为后工业社会是以理论知识为轴心原则的社会，新的社会劳动分工发生了变化，不具有这些所需要的技能和知识的话，就参与不到这个阶层的分工，没有这些能力，几乎就没有机会达到社会的高层地位。这样一个社会，本质上是"文凭社会"。在这个意义上说，迈克尔·杨的所谓"知识精英社会"就是基于教育的"文凭社会"。

贝尔以当时（1973）的情况看，世界上还只有美国具备了"后工业社会"的基本特征。在这样的社会中，中轴原理就是"理论知识作为技术创新基础的战略作用，或信息在再创造社会过程中的作用，并不源于能源在创造制造业或加工业社会中的作用"。相对于农业社会和工业社会而言，后工业社会中理论知识的中心地位，决定了通过教育获得知识技能是取得高层地位的前提条件，专业阶层成了社会精英。贝尔在 40 多年前就这样说：

> 大约在 70 年前，人们还可以在律师事务所里"读"法律，可以在没有大学学位的情况下参加法律考试。今天，在医学、法律、会计和其他十几个专业工作领域中，人们都必须具有大学学位，需要首先通过考试并得到法律承认的专业委员会的认可，然后才能实际应用自己掌握的技艺。多少年来，投身实业一直是雄心勃勃、勇于进取者出人头地的主要途径。从乞丐变为富翁，更确切地说，从职员变为资本家，需要的是魄力与无情，而不是教育和技能。现在，虽然人们仍然可以开办各种类型的小企业，但扩大这些企业则需要与过去大不一样的能力。在公司内部，由于管理工作已经专业化，因此管理人员很少是从下级部门提拔上来的，而多数是从外部挑选来的具有大学学位的人。

对照一下今天的中国，我们似乎感觉贝尔在直接和我们讲当今中国社会的发展。因此，投资教育就是投资自己的"人力资本"。贝尔引用加利·贝克尔的研究估算："一项为期四年的大学教育'投资'，在男性毕业生的工作年限中，每年可产生百分之十三的收益。毕业于一所名牌学校比毕业于'公共'即州立学校具有更进一步的差别优势。于是，曾经反映着社会地位的大学，现在成为划分阶级的仲裁人：大学获得了决定未来社会阶层划分的准垄断地位。"

所以，大学教育之所以如此受人们重视，是因为："后工业社会给人们带来了一种明显的恐惧：登不上教育这座自动楼梯，就意味着被排斥在社会的特权地位（privileged place）之外。""在这个社会中，大学学位、专业考试证书、许可证等是高级就业的一个条件。"所以，在这样的社会里，教育就成了一种必需的护身符。贝尔引用了莱斯特·瑟罗（Lester Thurow）的《教育与社会政策》一文中的话，非常精彩地描述了教育在这个文凭社会里的真正作用是什么。瑟罗说：

> 人们发现，随着受过教育的劳动力的增加，仅是为了保护住目前的收入状况，他们必须提高自己的教育水平。如果他们不这样做，别人就会这么做，从而他们会发现，他们目前的职位将不再属于他们。教育变成了一项有益的投资，不是因为当他人都不提高教育水平的情况下，这会提高他们的收入，而是因为要保住他们的收入，如果别人都提高了教育水平，而自己不投资，就将保不住现有的收入。实际上，教育变成了保护某人"市场份额"所必需的防卫性支出。受过教育的劳动力阶级越庞大、发展速度越快，这种防卫性支出就越必不可少。

（三）柯林斯看"文凭社会"

与贝尔相比，美国社会学家柯林斯对"知识精英统治"的文凭社会持更多的批评态度。1979年，柯林斯出版了《文凭社会：教育与分层的历史社会学》，这本书专门研究教育与社会分层的关系。柯林斯的研究发现，并不像知识精英统治论者所说的，真的是因为教育带来的知识和技能的差别而划分的社会阶层。虽然在特殊的专业领域，教育确实可以提高专业知识和技能，但是，这种高文凭、高报酬的教育与分层体系还只是一种神话。实际上，不少工作是不需要这么高的学历的，而且好多的知识和技能是在工作实践中获得的。那么留在学校接受高层次的教育的主要原因是什么呢？主要是要学习上层文化。难怪我们通常说，上了四年大学，即使什么也不学习，四年熏陶之后，和不上大学还是不一样的，无形中影响到了思维和行为方式。

现代社会，专家系统成了一个重要系统。按照郑也夫的信任论研究，对专家系统的信任是两大系统信任之一（另一个是货币）。为什么要信任专家？因为他们有专门的知识和技能。为什么这么认为呢？因为他们受过专门的职业教育，获得了文凭和执照，就是这些文凭和执照，把专家和外行隔开了。柯林斯认为，文凭就是设置特权阶层的保护门槛。比如传统上，父亲是医生，把医术教给了儿子，儿子就可以子承父业行医了。现在，没有文凭和执照能有资格当医生吗？即使实际上有能力，没有这个认可，可以吗？文凭和证书，其实就是一个标签，告诉别人，我受过这些职能的专门训练，合格了。不管事实上你的能力如何，他人不了解你的实际能力，没有办法，就只好利用文凭和证书来获得有关你能力的信息。

柯林斯因之认为，学历就是保护利益团体（比如医生，不是谁都可以当的）和中产阶级的利益的屏障，教育提供了社会阶层合法化的理由，从而掩盖了社会分层本质的不合理性，这是一种高级的"骗术"。但是，柯林斯没有看到，如果不用文凭区隔的话，社会又有什么标准呢？比如中国曾经取消高考，按家庭出身来安排职位，还不如按学历来划分更加有效和公平。

总之，柯林斯就是告诉我们，教育基础上的文凭社会是一个不合理的分层机制。但是还没有更好的办法，柯林斯的著作出版至今已经30多年了，而文凭社会的势力却越来越强了。这就是我们"文凭社会"的宿命，只能在这个背景下来理解我们的诸多教育问题。

二、文凭、出身与阶层地位

以教育文凭为社会地位根据的社会，即只是由精英统治的社会具有合法性吗？因为地位分层涉及的是平等和不平等的问题。在贝尔看来，只要我们的社会机会平等，尤其是受教育的机会是平等的，那么人们的收入、财富和地位的差异只是他们基于个人努力的教育成就的回报，这就是合理的。贝尔还谈到机会平等和结果平等的问题，认为这两个问题的矛盾，不是错误与正确的矛盾，而是正确与正确的矛盾。比如，尽管机会平等了，但是收到的结果却差异巨大，这样的社会理想吗？贝尔认为机会平等之后，可以有差异，但这差异是在一定意义上的，也就是有了基本的保障之后，可以有差别。他举了一个例子：尊重和赞扬。这个区别是英国社会学家朗西曼作出的，每个人都必须受到尊重，但不是每个人都会受到赞扬。贝尔认为知识精英就是那些值得赞扬的人，他们是各自领域的人杰。

在贝尔理想型的后工业社会里，"机会平等否认按照出身、裙带关系、庇护关系或其他任何形式的标准来划分地位，它只承认对天赋和抱负一视同仁的公平竞争。用帕森斯的话来说，机会平等主张普遍主义甚于主张特殊主义，强调成就甚于强调先赋"。现代社会的社会结构就是建立在这个原则基础之上的，"现代性意味着从开放、变革和社会流动的原则出发，根除那种等级秩序……原则上，这些新的岗位是面向所有有才能的人的"。因此，"后工业社会在权力的基础和获取途径的定义中增加了一个新的标准：技术能力成为掌握权力的条件，高等教育成为获得技术能力的手段"。

可是，贝尔代表的这个传统基于的是一个教育机会平等的假设前提，家庭出身实际上以这样或者那样的方式在影响着一个人的教育水平，同样和教育一起影响着一个人的社会地位的获得。以哈耶克为代表的欧洲自由学派，认为在市场经济的条件下，不是贝尔认为的，按照基于教育的文凭来划分社会阶层，而是家庭出身发挥了作用，比如雇主雇佣了一个家庭背景好的员工，可以带来社会关系、权力网络、单位品位的提升等，利用这些打开市场，扩大销售等，可以为公司带来利益。Erzse'bet Bukodi 和 John H.Goldthorpe 2010 年在《欧洲社会学评论》上发表了一篇论文，以从共产主义体制的计划经济转型到资本主义的匈牙利为例子，检验了贝尔与哈耶克二者的理论，结果发现，在计划经济时代，贝尔的"基于教育的文凭获得者得到高职位"的"文凭社会"得以很好地实现；而在转型后的资本主义社会，以市场来说话，教育文凭与社会地位的关系就不是那么紧密了，家庭出身更加重要了。

三、中国的现状：后文凭时代的到来

那么改革开放时代的中国呢？自高考恢复之后，一直到实行市场经济，同时伴随着的高校扩招，中国经历了异常复杂的"文凭社会"。恢复高考之前的中国，是一个"知识越多越反

动的特殊年代"，不是一个文凭社会。改革开放后恢复了高考，
文凭的重要作用是经历过的人难以忘却的。那个时代，现代化
需要的知识技能人才非常缺乏，中国的情况非常特殊，几乎迅
速从农业社会跳跃到了后工业社会的大门。当然，庞大的中国
同时存在着不同的发展阶段，区域之间、城乡之间有很大的差
别。有的地方还是非常原始的农业社会，"靠天吃饭"是其主
要特征；有的地方工业已经很发达，是工业社会了；特别发达
的地区和城市已经在迈向后工业社会，以社会服务业为主。对
知识技能人才的需求之急和供应之缺，加上国家计划经济体制
的分配制度，致使20世纪的80年代到90年代初，有个文凭
就意味着有了体面工作的饭碗，还是"铁饭碗"。这在某种意
义上很符合贝尔的"知识精英统治"社会型。但是，这个时期
的中国，关系依然是找工作时的幕后大手，比如边燕杰通过对
中国20世纪80年代的天津的实证研究，展示了"强关系"对
找工作的重要性。这个研究是针对美国社会学家格兰诺维特的
美国人找工作中"弱关系"的重要性而作的。实行市场经济后
的中国，关系是越来越重要了呢，还是相反？道格拉斯·格斯
里（Douglas Guthrie）在1998年的《中国季刊》上发表了一篇
论文，认为中国经济转型中，关系的重要性在降低。针对这个
观点，边燕杰用中国几个城市的调查数据，展示了一个相反的
图像——在中国的经济转型中，关系的作用不仅没有降低，反
而更重要了。实际上，所谓的理想型的"知识精英统治"的社

会在现实中是很难产生的。哈耶克的市场取向理论更符合现代社会的事实。当然，Erzse'bet Bukodi 和 John H. Gold thorpe 也有所保留，在文章的结尾之处指出，也许在未来的发展中，贝尔的理想型"文凭社会"会实现。

自 20 世纪 90 年代初开始实行了社会主义的市场经济，同时伴随着高等教育的大量扩招，中国的文凭社会走向了一个超越"文凭社会"的社会。这个社会的特征是：1. 文凭不再是高层体面职位的保证；2. 家庭出身越来越重要。这两个特征决定了现在中国社会诸多矛盾的地方。比如两个典型的例子，一方面大家非常重视教育；另一方面，一部分人认为教育读书无用，因为没有背景的孩子，家里省吃俭用辛辛苦苦培养他成为大学生或者研究生，毕业了却找不到工作。于是，这些例子带动了一部分人放弃通过教育改变身份。另一个矛盾是，一方面，我们大声呼吁，我们的教育要如何的"生命化教育"，如何的"素质教育"；另一方面，老师和家长们还是不遗余力地"考什么，学什么"，随着高考指挥棒转。一方面，孩子负担很重，很辛苦；另一方面，家长和老师还在加码。

可以理解，大部分人们还是希望通过教育来获得文凭，得到认可，得到通往高层职位的一个前提条件。由于大量颁发，文凭犹如货币一样，贬值了，但是即使贬值了，还是比没有强。就像贝尔说的，教育水平就是个人"市场份额"的护身符。这是相对的，别人的文凭提高了，自己不动，就是"不进则退"。一不小心，在这个"断裂"的社会（孙立平语），就有被甩出去的危险。对于没有家庭背景，也就是家庭出身低下者来说，获得文凭只是有个可能摆脱自己低下的社会地位，尽管机会越来越小。比如，有一个朋友在一所大专院校当老师，一次谈起求职招聘的事情，说他学校要公开招聘一个老师，一个职位收到了成百上千的简历，应聘者中不仅有硕士生，还是名牌大学的硕士，可是学校面试一关通过考政治课都给淘汰了，最后招聘的是本校教职工的子弟，一个大专生。明白这个例子的含义了吧，职位已经被垄断，地盘已经画牢，想进来，没有门子，免谈。这个例子还说明，学历虽然贬值了，还是有价值的，这位教职工子弟毕竟还是"大专学历"，不管这个学历背后是什么吧。所以，我说这个时代，对于中国而言，就是"后文凭时代"，文凭不是那么灵光了，但是没有文凭，更不好办。为什么那么多权贵、富豪争相弄个或真或假的文凭证书呢？大概是我们的"文凭社会"中所谓的"知识精英统治"的合法性来源的观念在起着作用。在一个清明的社会里，能力是个说不太清楚的东西，"说你行你就行，不行也行"，这个逻辑似乎不错。而文凭是个"硬指标"，是个很容易看到的"信息符号"，它告诉别人，你是"知识精英"俱乐部的一员。

文凭和文凭也不一样，硕士毕竟比本科强，北大清华的毕业生和地方院校不一样，"211"大学和其他大学不一样，海归又不一样。找工作的时候就很明显了。我的一个亲友，当年念的中师，工作数年后，念了硕士研究生，硕士论文得到学界一流学者的称赞，求职省城一家大专院校的时候面试成绩最好，系主任和老师们极力推荐，就在最后的校党委会议上，一个领导提出他的第一学历是中师，而予以否决。所以，这些文凭的区别，让每个考生都在尽力高攀。这样，即使高等教育扩招了，考生们仍不轻松，上不了好大学，在一些人的眼里，等于白上。

四、美国："虎妈"的赞歌

把目光投向大洋彼岸，看看美国这个后工业社会里的人们对教育的态度。不久前，耶鲁大学蔡美儿教授的教育观念以及引发的全球性讨论，似乎可以为我们展示一些美国人面对教育的图景。

"虎妈"的教育战歌曾在美国掀起巨大波澜，引起中美及其他诸多人士关于子女教育的大讨论，中国媒体也多方报道。这场大讨论源自《虎妈的战歌》，一本刚出版不久便轰动美国的畅销书，作者"虎妈"是美国耶鲁大学法学院的华裔教授。该书是以个人回忆和反思的方式来介绍作者是如何以"中国式教育"管教她的两个女儿的。"虎妈"的高标准、严要求到了令人难以置信的地步，比如，要求女儿每科成绩都要拿 A，不准看电视，不准同学间串门，不许参加学校戏剧活动，不许自己挑选课外活动等等，甚至强迫七岁大的小女儿从晚饭后到睡觉前要连续练习弹奏一首钢琴曲，在此期间不能喝水，连洗手间也不能去，直到能够熟练地弹奏这首曲子，达不到要求，她会骂女儿"垃圾"。

美国是一个移民国家，世界各地各族裔的人都有。"美国梦"本身就是要获得成功，对于华裔移民来说，更是要努力出人头地。据社会学家们的研究，移民也出现了"富不过三代"的现象。也就是第一代移民具有拼搏精神，加上本身的优秀，才能够打出来一片天。第二代还可以在第一代的影响下，有这种精神，可是第三代就不行了，就几乎继承不到祖辈的吃苦耐劳、自强不息的精神了，这也正是蔡美儿这样的第二代移民对自己的子女所忧虑的。就像有些媒体报道所说，为什么蔡美儿的"中国式教育"在美国如此轰动？是因为美国人的敏感神经被触动了，也就是他们放任自由的教育在遭遇到了"中国式教育"后，他们的子弟在竞争上受到了挑战。华裔子弟的高成绩使得他们进入名校的人数越来越多，这样就使得其他族裔的子弟进入名校的机会减小。

不久前，"虎妈"驯养出来的"虎女"——她的长女——被哈佛大学录取，上了《纽约时报》，成了大新闻。名校名额有限，竞争激烈是必然的，所以有资源的富人也让子女参加类似于我们的高考补习班，以便获得更好的分数，进入一个好的大学。

　　行文至此，我们明白了我们社会的结构特点，我们时代的特点，再来看我们的教育中存在的诸多问题，就比较容易理解了。中国有着"学而优则仕"的历史文化传统，现在又是独生子女社会，万千疼爱在一身，同时孩子身上也寄托着"万千期望"。但由于人均资源较少，因而竞争更惨烈，这使得"应试教育"横行无忌，所向披靡。一方面，我们痛恨"高考指挥棒下的教育"，另一方面却不敢不跟着它的指挥走；一方面，孩子学习压力太大，另一方面却不敢放松；一方面，我们要做"生命化教育"，另一方面则无视孩子的健康成长。即使家庭背景很好，在文凭这个关上也不能掉以轻心。韩寒无疑是这个时代的另类，但有多少学生可以效法他呢？敢吗？在歌坛和体坛等领域大概文凭不是重要的，但是能够成功的有几个人？不如学点技术，弄个文凭，找个比较"四平八稳"的工作更可靠。

　　这是个什么样的时代？这是个充满矛盾的时代，是一个个体理性造成了集体非理性的"军备竞赛"时代。文凭呀，真是"让我欢喜让我忧"！教育呀，"你如何承受得住如此之重"！

北大学子笔下的科场

　　北大社会学系郑也夫先生过去十多年来的教学和研究，有一个突出特点，就是教一门课，写一本书，而且是理论的，同时让修课的学生去调查社会事实，写出经验文章。因此一门课几轮下来后，一本理论书和一本学生调查文集以姊妹篇的合唱形式一同问世，比如《城市社会学》与《都市的角落》是姊妹篇，《后物欲时代的来临》与《消费的秘密》是姊妹篇。这次郑先生开的"批评教育社会学"的成果是《吾国教育病理》与《科场现形记》，前者致力于从理论上揭示我国教育的病理，提出了分流和分权的疗救之方，后者则是一部描写当下科场——延续科举时代考取功名的学界——形形色色的怪现象的书。我国教育在一群考上北大的学子笔下到底是什么样子，他们的内心世界是怎样看待围绕高考和科举得功名的现象的，这些是家长、教师和教育管理人士不可不了解的。正如《科场现形记》一书的编者在前言里所引用的一句格言："事实比想象更离奇。"这本书里，来路各异的北大学子讲述五花八门的故事，你会读到许多你想不到的事实。

文集里给我印象最深的是，教育不是为了学生发展着想，而是各方的利益博弈。除了正常高考，参加奥赛似乎是一条终南捷径。学校会根据师资力量还有其他因素选择是否走竞赛的路子。《竞赛与高考，两种路径》就分析了这个问题。虽然奥赛曾被批得厉害，但从文中我了解到如果没有奥赛这个项目，一些学有余力的孩子不知道那些余力该用于做什么。鉴于枯燥无味的复习摧毁了学生的想象力和创造力，而我们又没有好的体制来让这部分中学生像美国某些学校的学生那样参与到大学教授的科研项目中去，所以有了奥赛似乎比没有更好。我们应该为多样性的学生准备多样性发展的条件和环境。但是，这些通常不是教师和校领导所关心的，他们关心的是学生考出高分，考上北大清华这样的名校，于是他们可以名利双收。作者的观察是："对于学校来说，名次是最好的名片，比如说'我们培养出了高考状元'，这比其他的任何指标都更有力。"

《南方周末》2013年10月10日报道的河北衡水神话里说的"104位考上北大清华"的学生的"封神之路"就是这种思路的超级体现。正好本文集里收录有一篇《学生眼中的"衡水模式"》。这所中学被人们戏称为"河北省第二监狱"，是颇为传神的，因为其对学生实行严格控制。学校做出一个个具体的指标，进行量化考核，以考核和基于考核的奖惩制度裹挟着师生，如同一台庞大的机器，大马力地运转。

量化之所以如此被老师重视，是因为衡水中学将量化与班级荣誉和老师的激励机制联系在一起。学校每周都会召开一次量化总结大会，会计算出每个班的量化成绩，成绩高的学生和老师都会得到表扬，老师也会得到奖励。而成绩差的班，老师需要上台作自我批评，而有严重违纪行为的学生也要上台作检讨。这就带给老师和学生很大的心理压力，也就激励每个老师都严格执行量化的规定，严格管理班级。

这是不可思议的，教育扭曲到了这种程度，却成了大名在外的成功办学样板校，曾被《中国教师报》报道为"衡水模式"。《学生眼中的"衡水中学"》一文的作者智楠给我们描述的衡水模式方方面面的细节，真是触目惊心。可是最可怕的是学生对这种制度的认同，而且有更多学校前去学习，使这种模式向外延展扩大。

所以大学"敲门砖"的问题是教师、学校和学生以及家长的合谋，因为在这个过程中，学校和教师名利双收，家长和学生满足了上（好）大学的需求。而这严重违背了教育规律，不顾学生的健康成长和兴趣爱好。

为了高考，这场博弈花招不断。高考移民是其中之一。《一位高考移民的经历》就细致地描述了一个河北考生移民天津成功考上北大的例子。她的父母为了她的高考移民，未雨绸缪，下了一番功夫。她的老师为了让她更保险地考上北大，火箭式让她当上班干部，然后帮助她评选上市级优秀学生干部，因为这个可以带来高考加分。以作者文章里的话说："小 Y 觉得高考移民的好处确实很明显，尤其是对成绩一般和比较差的学生来说。所以家长花大笔的钱买房迁移户口或者铤而走险办假户口都是可以理解的。有的学生在河北省高考可能连专科都考不上，但是在天津就可以考个不错的三本，甚至二本。"还有的人移民国外，回过来考北大，以外国人的身份，占了大便宜。这也就是教育不平等，因为家长资源的不同带来了子女竞争上的强弱之分。作者刘小玲则分析了"重庆高考加分门"事件背后的原因。别人加分，就意味着自己处于竞争劣势，所以想方设法造假也要加分。

在竞争如此激烈的高考面前，企业家们如何对待子女的教育问题呢？梁瓜的《企业家子女教育状况的个案调查》通过五个案例给我们展示了一幅不尽相同的图景。首先，因为作者选择个案的非随机性和个人的有限性，只能是部分企业家子女教育的情况。这些人几乎没有例外地都通过手中的金钱资源以及由此打开的关系为子女挣得了凭成绩得不到的资源。这是典型的"拼爹"竞争部分。可是，好的一面是，这些企业家因为自身资源的丰厚和家里的企业可以为子女的前程做保障，不是很看重孩子的学习成绩，而更看重孩子的健康成长。但是底线通常也是必须上个说得过去的大学本科。

激烈的高考竞争，大学四年之后出路怎么样？"本科生的走向"一章里有一篇关于本科生"被就业"的文章，这是笔者当年大学毕业时无法想象的事情。事实比想象更离奇，有一个证据：学校为了提高一次就业率，就逼着学生想尽办法弄来聘用书，然后才发给毕业证和学位证。有学生就自己用萝卜头弄个章，做个假的，拿给学校，学校明知是假的也无所谓，仍然将其视为一次性就业的一员。何其荒唐！这还是教育吗？还是育人的高校吗？

保研是另一个缓解本科生就业困境的出路。同学之间为了争夺有限的保研名额，不惜使出各种招数，堪称"八仙过海，各显神通"。比如，熊雨婷的《保研过程探析》里提到的学生为保研采用的各种策略，像联系老师建立感情，打高分数等都太平常不过了。还有院系的潜规则，比如，若推免生选择保外，风险由学生本人承担，一旦失败，学院不再接收，学生一听，担心清华北大保不上，自己学校也不能回，权衡之下迫于无奈，只好选择保内。而有的院系为了自己的利益，直接规定第一名必须保内，反倒是第二、第三名有权利选择保外，因此想保外的学生需要拿捏好分数，不能拿第一，但是又必须在保研名额的范围内，这样才能保到想去的学校。这样学生失去了自由权和专业选择权。这与美国研究生选专业和换专业的理念真有云泥之别，这也是我们的高等教育失败的重要原因。

该文集中北大生笔下的"北大自画像"读来更有意思，从选课、社团接班人选拔、学生政治课学习，到自主招生以及转换院系和专业等等，盛宴还是留给读者自己去品尝吧。

十万元买下复读生岂是教育之道

　　曾听说过有些高中学校买高分复读生的现象，比如几年前长春某中学花费十万元买了一名高考高分学生，他考上了北京航空航天大学而放弃，复读了一年。而最近，这样的事情发生在了我熟悉的亲友中。一位亲戚的孩子，被母校花十万元"买下"作为复读生，这正应了那句话：事实比想象更离奇。

　　高考分数刚在网上公布的当天，我就给亲戚打电话，询问他家孩子成绩。在河南考区，考了 640 分，算是很好的成绩了。结果亲戚说，孩子觉得自己没发挥好，应该再高几十分，上北大清华，所以准备复读。我第二天直接给孩子打了电话，问他这个成绩能上什么样的大学。他说，武汉大学。考上这样的大学了，还要复读？我感到难以理解。于是就给他分析利弊：一者，从风险上说，你今年没发挥好，下一年就一定能发挥好吗？二者，这一年，不仅仅是一年美好的青春年华，更重要的是，复读的一年，心理的压力、复读对学习兴趣和创造力的磨损是巨大的。武大的舞台，足以让一个有志优秀青年操练自己的才华了。但是他一直都不吭声，我几次都以为电话断了。后来知道，他的家人其实已经达成了共识（在老师们的影响下）——复读，而且学校老师更是劲头十足地劝他复读，明年考清华北大。

"前面有车，后面有辙"，这种事情在学校里大概常规化了。复读一年能提高多少分数？根据郑也夫《吾国教育病理》一书所算，2005—2008 年的 15 个高分复读生中，复读后提升分数最多的是 68 分，最少的 10 分，平均提升 36.2 分。这说明，这些复读生不复读的话，原来也可以读很好的大学了，只是放弃而选择了复读。

前几天再次给这个亲戚打电话，获悉学校领导和班主任不远数十里，从县城来到偏僻小村，"礼贤下士"，登门来劝说孩子复读，用十万元买下了这个复读生。武汉大学的录取最终放弃。夫复何言！

复读生在中学和大学里成了不可小觑的群体，大家似乎也见怪不怪了。这无疑是"新科举"的怪现象之一。中学阶段本来就有一半以上时间在复习中度过，再回来纯粹复读，按照郑也夫在《吾国教育病理》一书中所说，最重要的还不是一年两年的宝贵时光，而是这种纯粹的复习极大地塑造着一个人的智力取向，"就提高学术成就而论，我们宁可希望这两年他们在服役或打工，也不希望他们在复读"。"复读对学生的心智不是好事情"。

繁重而无聊的复习和复读，对学生的学习兴趣和创作力的养成，以及心智的发展危害都很大。厌学之风就是这种无聊复习的后果之一。郑也夫甚至断言，经过了中国 12 年的中小学教育，就是以后到哈佛耶鲁上学，也休想获得科学诺贝尔奖，因为创造力和好奇心被 12 年的教育打磨尽了，没有了好奇心，也没有了兴趣，原创能力从何说起？少年的眼光应该放在追求新知，而不是复读死知识上面。

围绕考北大清华，师生之间博弈的例子有的是。有的考生竟然不敢让老师知道自己的志愿。老师为自身和学校利益考虑，只要把学生送到了北大清华，不管学什么专业，以后发展如何，他只要完成了自己的任务，获得奖赏即可。这造成一些师生的关系很紧张，在学生中，有的老师的形象不佳——他们对外宣传，我们学校输送了多少北大清华学生，以此来拉生源，提高收费价码。学校成了营利场，这大概不是什么秘密了。我不敢臆断亲戚孩子所属学校的老师动机是什么，但是不管什么动机，用十万元买下这个高分复读生的行为，怎么看都不符合为师之道，要么是私心作祟，要么是对教育无知。

对学校行为只做批评大概也是无济于事的，关键是如何解决问题。郑也夫在论证了复习和复读的弊端和现状后，指出可通过一年多次高考来解决这个问题。这是学习美国的 SAT 考试每年举行六次的经验而提出的建议，缩短复习周期，给发挥失误的学生一个很快弥补的机会。也许，这样的办法可以在一定程度上解决"十万元买高分复读生"的问题，令扭曲的教育回归正轨。

名人当学会应对"富裕挑战"

导演王全安因嫖娼被拘，让公众再次发出"贵圈真乱"的感慨。黄海波的前车之鉴犹在，更不用说从高虎、房祖名到柯震东、张默等人的吸毒丑闻，简直让人目不暇接。这些名人，可以说是功成名就，为什么反而如此容易在私德上出现瑕疵呢？

我们正在走向一个解决了大面积温饱问题的"后物欲时代"，经济的爆发式增长是近几十年的突出现象，也因此遭遇了物质富足之后如何解决空虚和无聊的问题。凯恩斯在80多年前就为此忧虑了。他说，生产问题将在一百年内解决，到时候人类将如何打发他们赢得的闲暇时光？

纵观人类历史，最早出现的一小批贵族首先实现了温饱，从而遇到这个问题。对此，他们有成败两方面的经验。一是堕落，这是失败的经验。比如西周时代，一小撮贵族酒池肉林，荒淫无度，大大超出了个体生存的需要。二是成功的经验，就是升华，开发精神世界，使自身完美，使生活艺术化。孔子崇尚教育的宗旨和手段，致力于通过"六艺"造就君子，即高尚的人。他说："兴于诗，立于礼，成于乐。"他自己可以陶醉于音乐而"三月不知肉味"，忘却了物欲。

再看西方。公元前3世纪希腊的教育，主要内容就是读写、竖琴、唱歌、跳舞、体育。苏格拉底这样的人，不仅精通数学、天文学，拥有运动才能，是杰出的战士，还是雕塑家。他教育青少年的学习内容包括音乐、游戏（不是我们的电子游戏）、仪容、马术、小兵器，要求青少年全面学习。而欧洲文艺复兴时期，意大利的教育内容是：读写算、拉丁文、修辞、骑士技艺和风度、体育。

东西方的贵族在面对摆脱饥寒之后，解决所谓的"富裕挑战"，其成功的道路都是致力于提升人的精神追求。所以，古典教育的内容是教人如何生活的，而现代教育在这方面就绕了个大弯，却是教人们如何工作的。注意留心一下周边的成年人，有多少人毕业后还热爱体育、美术、高雅音乐、写诗赋词，还保留着这方面的兴趣和习惯呢？更不用说，有的人甚至从未培养出这类兴趣和习惯。在这种教育下，那些成名过于容易、迅速的"新贵"，暴发户的心态就更容易滋长。没有了生活的压力，闲暇如何打发？有些人就寻找低级刺激，比如嫖娼、吸毒，堕落之路自此而始。

说老实话，对于这些"新贵"，一下子让他们的生活"高贵"起来，也是不容易的。俗话说，一代学穿，两代学吃，三代学古董字画。在穿衣吃饭上培养出"品位"就要一两代人的累积，何况文化修养更需要从小耳濡目染。郑也夫在《代价论》一书中说："从历史的经验看，在社会地位的循环中越是暴发户越是要为获取的地位付出惨痛的代价。这首先是因为地位变化太大，无力抵抗各种享乐诱惑，保持旧有的心态。其次也因为他们与传统文化缺乏联系，未能从中学到修身齐家治国之道，因而更无规矩。"对照来看，这话真是说得贴切。

卡斯特说："不停地寻找肤浅刺激的人，是长期慢性地属于无聊状态的人。"吸毒、嫖娼都是寻求肤浅刺激，不需要刻意学习；而下棋也可成瘾，但要钻研学习，不断打磨，需要心智磨砺。如果一个人被第二类"瘾"俘虏，那么他将前者作为摆脱无聊的手段的可能性就很小了。所以，虽然我们不可能完全复兴古典教育，教人如何适应"后物欲时代"的生活，但是从中西古典教育的经验中，现代教育还是可以学到不少。于学校教育而言，让学生学会生活、形成提升精神世界的良好的兴趣和习惯，就是重要的内容，而不只是忙于考试升学和找工作，要把"看似无用，实有大用"的内容放在现代教育里。在青少年时期养成健康的兴趣和爱好，来应对富裕社会里的空虚和无聊状态，可在很大程度上令一个人避免堕入那些不体面的恶习。

从实求知，实现理性自觉

　　费孝通是 20 世纪中国少有的富有创造力的思想家，作为社会学家、人类学家和民族学家，虽然他自称没有学过教育，但他对教育的理解是很深刻的，值得我们思考借鉴。对于费孝通的作品，我能读到的几乎都不会错过，有些佳作还会读之再三，不经意间注意到他的教育理念，我愿将我挂一漏万的一点浅见，贡献给大家，希望可以抛砖引玉，引起方家对费孝通教育思想的深入研究。

　　费孝通出生于 1910 年，正值民国的前夜，他的父亲虽是前清秀才，但留学日本，重视新学。费孝通自己的启蒙教育则是他受过中西教育的母亲创办的新式"蒙养院"（幼儿园），开风气之先的新事物，而非"四书"启蒙的"私塾"旧学。当时，新学是知识分子为了救国强国而提出的教育道路，这不能不影响到费孝通的教育理念。我通过阅读费孝通著作，思考了很久，觉得他的教育核心理念大概可以概括为：从实求知，实现理性自觉。

　　怎么理解这个教育理念呢？我想用费孝通一生的事业和他

关于教育的讲话来作为这个理念的体现。费孝通作为社会学家一生"志在富民"，他的学术研究走的是进行社会调查，深入实际研究社会文化各方面的实际功能和运行，以求在对事实理解的基础上，增进社会中人们的自觉，改善社会的运行和增进人民的福祉。负笈英伦念书之前，他与新婚妻子王同惠去广西大瑶山调查，差点丢掉性命，而且失去了爱妻，之后养伤在江苏吴江县江村，调查了江村的社会生活、人口经济、社会结构，获得了第一手的翔实的材料，终于在英伦导师马林诺夫斯基指导下，写出了经典著作《江村经济》，该书首先在英国出版。回到国内，他很快在抗战不方便做研究的情况下，利用一点点基金在云南开始了云南乡村社会调查，后来在这些不同类型社区经验研究基础上，概括提炼出了一本短小精悍的学术经典《乡土中国》。改革开放初期他提出小城镇的思想，也是多年来对农村社会观察研究的结果。走出乡土，实现当代文明，必须进行工业化和城镇化。不是农业文明，而是工业文明才是现代文明。基于事实的理性认识，才能做到理性的自觉，国家政策制定者，甚至每个普通个人都能够在正确认识的基础上理性地认识到我们所处的时代特征，个人生活和生产应该采取何种方式和策略，适应工业时代城市生活的法则不是农业社会里可以获取的，必须学习和创造新的生活。

这个路子，费孝通自己说就是"从实求知"，为此即使到了高龄，他依然行行重行行，到处走走，深入实地考察，从中提炼出真知灼见。所以，郑也夫曾评价说："中国绝大多数学者都只能作死学问。费孝通无疑是他这一代知识分子中最具智慧、悟性与分析力的社会科学家。"

这些与他的教育理念有什么关系呢？其关系就在于，他认为教育就要接触实际，从实际中来学习。这与我们把孩子整天交给学校，放在教室这个铁笼子里，不出来与大自然和社会实际接触的所谓教育，很不一样。比如他在一次国际会议上的讲话《从小培养21世纪的人》中这样说："从小培养幼儿爱好和实物接触，养成敢于更新试验的习惯，发展了在客观实际中探索规律的理性活动。"然后，他回顾了20世纪初的中国教育，认为那时的教育与这种教育"差别重大，甚至方向性的差别"。为什么？因为"当时婴幼儿教育的目的是要把儿童的思想行为纳入传统的规范，所以把朗诵经典著作作为知识的入门，读书成了受教育的同义词。这种教育在一个滞止、封闭的社会中是有它的功能的。"但那是旧学，已经不适用于以科技创新引领社会，全球一体化的"地球村"时代了。就如乡土中国在褪色，城市文明在发展，适合乡土社会的文化和习惯就不一定同样适合于城市工业文明下的生活了。

古人的知识也是在实践中获得并积累下来的，那是仰观天文，俯察地理，"究天人之际，通古今之变"的产物。比如《论语》是圣人言，但是那是圣人与社会和自然互动后的认识，是把从实求知的结果写了下来，告诉后人的。毕竟纸上得来终觉浅。我们不能只学习圣人言，而不去实践圣人发现的道理。孔子带着弟子周游列国，还经常"野餐"。这哪里是整天关在教室里的教育？！美国小孩子有课堂教学，但是手工制作和野外活动（field trip）是经常的。虽然美国教育也不完美，但这一点是很值得我们借鉴学习的。这就是费孝通的"从实求知"，从小养成爱好接触实际事物的好习惯。不管是接触社会，还是自然，知识都是靠接触实际才真正可以理解和应用。他在一次接受美国人类学教授采访时就表示："我对我自己的学生的忠告，一直是他们必须观察生活在社会里的人，并且通过他们去理解这个社会。去观察活生生的人，因为他们才是构成那个社会的成员，他们是我们观察那个社会的窗口"。社会生活是一直在变化着的，不能再如旧学那样把幼儿的头脑纳入到传统的规范里了。

就教育而言，这种从实求知的一个重要目的是实现学生理性的思维和态度，来应付变迁中的社会的生活。他说，21世纪是一个文化多样性的全球化时代，文化是会因为情感和沟通理解不畅造成不同文化间人们的冲突。要实现和平共处的和谐世界，教育要作出贡献，培养人在思想意识上积极地和平共处的教育，"建立一套相互理解、宽容、共存的教育体系"。培养理性态度，因为"人们的理智可以在解决矛盾中起主导的作用。我们要培养这种能适合于21世纪世界生活中的人，也主要是打下这种理性的态度，这又必须从小加以培养，是婴幼儿教育中的主要任务"。"在一个多元文化的世界，要'各美其美，美人之美，美美与共，天下大同'"，这是费孝通提出来的一个实现和谐共存世界的理想境界。教育就要努力在从实求知的基础上，对自己的文化有文化自觉，对他人的文化有理解欣赏力。当下有人提出跨文化资本，就是实现这种多元文化共存世界所需要的资本，费孝通曾用英文表达为 cross-cultural communication（跨文化沟通）。

晚年的费孝通提出了"文化自觉"，就是这种基于对自身文化的来龙去脉的了解基础上的理性态度。教育就肩负这个责任，让学生实事求是地了解中国社会和文化，才能在世界文化多元化的今天做到文化自觉，做到理智地控制自我的行为，和谐地与他文化的人们一同生活在地球村。

更深层次地看，费孝通的教育观是建立在爱的基础上的。他认为教育是爱，没有爱不会有好的教育。他在《〈爱的教育〉之重沐》一文里对振华女子中学老校长王季玉先生的描写，就是他以自身经历表达了爱的教育观念。季玉先生是位好老师，她的学生沐浴在爱的教育里。比如有一次，季玉先生在看学生办的壁报，费孝通在与同学玩一种"捉逃犯"的游戏，一个人逃，一个人追，他正冲撞在季玉先生怀里。费孝通这样描写道："我站住了，知道闯了祸。可是抬眼一看在我面前的却并不是一个责备我的脸，而是一堆笑容：'孝通，你也能做诗，很好。'她拍着我的小肩膀，'留心些，不要冲在墙上跌痛了。'

我笑了一笑就跑了。"他得到的不是呵斥批评，而是关心和爱护。这篇文章很美，难怪是常读了意大利人亚米契斯的《爱的教育》。译者夏丏尊在此书序言里就说："教育没有了情爱，就成了无水的池。"

有爱心的教师，一是爱教育这行，如费孝通的老师季玉先生可以放弃"人家请她去上海做事"的机会，留在这个地方三尺讲台上，教学生拼写生字，与学生天天在一起，其乐无穷；二是对学生有爱心，关心爱护学生如自己的孩子，看着他们一天天成长就很快乐。以前有位教授给我们上课，他有句话我总觉得对不少好老师欠公平，这句话就四个字："无能者教"，就是说，没有本领干其他行业的人才去当老师。而那位教授还是在教师范大学。事实上，不少教师真的是爱教师这个行业，不是其他行干不了，无能才教的。费孝通的老师王季玉先生就是这类老师的一个突出代表。而就是这样的老师，才真正地支撑起了我们的教育，培养了万千英才。日本战后各行业都削减工薪，只有教师不减反增，这才有后来的日本大发展，最终成为世界瞩目的经济大国。因之，我们的教育工作者更需要具有基于事实的理性的教育自觉意识。

中国教育的出路

　　中国教育积弊之深让国人揪心。虽说教育问题成为日常社会话题，也有一些不错的见解，但多是就教育谈教育，对教育的深层病因探索不够，故而难以提出有效治本之法。郑也夫先生《吾国教育病理》一书跳出教育的藩篱，从社会学、心理学、生物学、历史学等多学科的角度来探讨，穷根究底，直指根本，开出药方。本书秉承郑先生一贯的治学风格，厚重的理论、广博的知识和信息，以及鸿蒙借手纯净自然之文笔融在一起，将读者想象不到的真知灼见和大小道理娓娓道来。阅读该书，在理解中国教育的同时，更是一种难得的激活思维的智力享受。

　　本书中关于教育和创新人才的论述给我印象极深。从进化角度入手，郑先生认为，"创新能力与创新人才都是稀缺的"，原因是"基因注定的，不可更改的，至少在基因工程启动之前的历史中是这样的"。为什么自然选择会让创新能力和创新人才那样稀少呢？因为在人类历史上，环境在较长的时间内都是稳定的，在稳定的环境中，人们依靠前辈积累的经验就可以生存，对创新的需求很少。也因此，人们后天的学习主要是在模仿，而不是创新。可是工业革命极大地改变了我们生存的环境。享受工业革命成果的同时，我们也遭遇到了祖先不曾遇到的新问题。因此就要以创新来解决新问题，同时又制造新问题，而后再通过创新来解决。

创新人才是教育领域最时尚的词汇之一，而基因决定了这些创新人才是"稀有动物"。教育要培养创新人才首先要能识别哪些人是稀有的创新人才。可惜，郑先生从智商、知识积累、成绩单与创新能力关系的角度分析得出的结论是，我们难以找到可靠的东西来识别潜在的创新人才。

知道优秀人才是什么样子，我们尚且未必可以培养出来。对于那些我们识别不出来的稀缺的创新人才，还谈何培养呢？可是，我们教育界似乎共识性地在致力于"培养创新人才"。所以，针对中国社会和教育界揠苗助长的现实，郑先生很痛心地指出，我们的教育不是在促进创新人才的成长，而是在摧毁学生的创造力。这也是现今中国教育最大的问题所在。

根据郑先生的分析，创新者往往都是"脱离正轨的人"，而我们的教育对这些不着轨的家伙通常是难以容下的。我们的教育是"扁平化的"。有创造力的学生被繁重的复习和考试磨去了"个性"，成绩差些的经过教师和家长的一再督促和自身的努力，也把成绩提起来了。这样的教育教出来的学生群体同质性很强。所以作者说："我们有理由怀疑，在这种过度的干预中，原本有着创造潜能的少年，被修理成常人。"

在论述创造力的摧毁时，作者提到了古代科举与当今科举的不同。古代科举制筛选的人才在智商上是优秀的，但科举制最大的缺点是不但不能筛选出，甚至还极大地扼杀了有创造潜力的人。古代社会因为对创新的需求小，所以科举的这个负功能没有大碍。但是当今社会对创新有着极大的需求，依旧无休无止地复习和增加科目，造成当今学生比古代举子负担重得多。加上教育的大众化造成"今天的竞争十倍于古代，乃至现代科举制对创造性的杀伤力也十倍于古代"。

所以，产生了认知上的不对称：一方面，我们不知道如何识别具有创造潜力的人才，更不知道如何培养这些人才；另一方面，我们知道怎样很容易摧毁创造力。这告诉我们，"创造潜力是脆弱的东西；而积极的努力不是有益无害，大不了白干，而是为害的可能性颇大"。超一流的创新性人才都不是刻意培养出来的。所以，不管是家庭还是学校，都需要"提供一个宽松、宽容、自主、自在的学习环境，不做其他干预，不期然地，创新性人才就产生了"。

不过，虽然宽松环境重要，但是在一定程度上，识人的"伯乐"还是可以有所作为的。我想就六祖慧能的例子来展开分析。郑先生举慧能的例子是为了说明极富创造力的人与教育的关系。学校不能刻意培养这些人才，但是那些创造性人才也不能没有教育。慧能没有像其他僧人那样有机会苦读和听讲，只是一个边缘的杂役，但是，如果他没有进入五祖弘忍所在的东山寺，就没有机会"捕捉到东山寺庙空气中飘拂的佛学信息，他便只好依旧是个俗人"。在有700个僧人的大寺院，成就的是这个边缘的杂役。我们的社会和教育能做的是什么？就是打造东山寺这样的学校，能让空气中飘拂着这样那样能激发"灵感"的东西，当然也需要有眼光的"弘忍校长"。而且六祖做杂役是不是弘忍的刻意安排？这一点也值得注意。郑先生专门讨论选材的一章里就提到科学史上的一个美谈：戴维的最大成果是发现了法拉第。这样看来，虽然发现人才理论从逻辑上来说很困难，但在实践方面还是可以有所作为的，关键是要有有眼光的"伯乐"。

激烈的高考竞争无疑是摧毁创造力的大端。要改善这一生态，让学生有个好的成长环境，就要缓解"军备竞赛"式的竞争。就此，郑先生提出"分流"，减少竞争的参与者。考大学前，一部分学生要离开考大学的队伍，去读职业学校或者去作坊直接边干边学。作者认为，通过分流，参加高考的人数会大大降低，从而可以缓解高考竞争。德国的分流是早期分流成功的榜样。德国学生从十岁开始就分流到不同轨道的学校，有的去主体中学，有的去实科中学，有的去文科中学，还有的去综合学校等。只有去文科中学的学生中的大部分人以后去读大学。其他学校的学生优秀的也有机会读大学，但是比例很低。早点分流找到职业兴趣点，通过学校与公司的双元制培训，掌握技能，进入社会。既然最终能够有机会上大学的人数有限，晚分流也还是要分流；而且许多人成了高考的陪绑，高考失败，也无一技之长，然后从头再来，去学习一门谋生技能，代价何其大！所以，早点分流对缓解陪绑是一剂良方，对学生个人和家庭，以及社会发展都有莫大的好处。

陪绑问题也是郑先生多年来一直很感兴趣的问题，而且也把分流作为减少陪绑的一个办法。除了高考陪绑，在中国教育中，大概可以说外语学习中的陪绑现象是最严重的。我和郑先生多次谈到过这个问题。中国接受过中高等教育的人中，多少人把大量的时间和精力投入到了外语学习中，结果却是多数人学到的只是应付考试的英语，实际应用中的听说读写都不行，而且实际上"最终只是少数人有机会使用"。除了这些少数人之外，大多数人不都是在陪绑吗？为什么让英语成为全体学生的必修课？因此，作者提出，"我们非常有必要通过大规模的调查搞清楚两个事实。其一，学生们初中、高中、大学期间在外语学习上花费了多少时间，要搞清平均用时及不同用时组的时间花费情况。我相信这项时间支出是巨大的。所以也就极有必要展开第二项调查：多大比重的人口在毕业后使用了外语，分别是在何种程度上使用的。如果情况严重，即大多数人花费过很多时间学习外语，而日后很高比例的人口完全没有用场，我们就有必要重新思考和设计外语学习的位置。"

虽然郑先生提出了分流的策略，但是，在我国，实现教育分流是一个大难题。作者指出了三种阻碍分流的主要障碍：第一个是因为"独生子女政策"造成千百年来的传统家庭分流的终结。家庭里的分流也就是一个家庭里几个孩子中适合读书的就让他读书，适合种地的种地，根据情况分工合作。书中列举了毛泽东和毛泽民、晚清状元张謇以及曾国藩等人的例子。比如，毛泽东外出求学，大弟毛泽民则在家管家、种田、料理经济。张謇读书好，他家里考虑到经济压力便选择其兄张察在家从事生产。现在的生育政策终结了这种家庭内的第一步分流。

第二个障碍是我国教育分流机制不完善。作者以德国职业教育的分流制为例来分析分流的作用，但中国的职业教育却陷入了困境，学生和家长都不愿意分流到职业院校。因为在人们的观念中，那不是有出息的出处，职业学校培养的不是人才，只有大学甚至重点大学的学生才是人才。在一个求职要学历，而且本科毕业要求是"985"院校的社会环境里，学生和家长的选择从个体而言，都是理性的。

第三个障碍是学历社会的规则。什么样的文凭在职场的威力更大？学历文凭是个标签，是赋予人们社会地位的符号。作者也说教育这种赋予个体社会地位的功能让人们在学历和能力之间选择了前者。官员高学历趋势近年来越发突显，这是一个学历社会的指示器。

笔者认为，分流的困难更在于教育权力的集中。所以，作者提出了"放权"与"分流"两大举措，以拯救教育。一方面，两者是相辅相成、共同促进的；另一方面，"放权"更具有根本性的作用，因为我国教育弊病的总根源在于权力过于集中，行政专权造成了死板单一的教育体制和生态。

权力的分布是决定生态状况的主因。在官本位社会里，官员面对下级是有权的，面对上级是无权的。教育的行政化遵从的就是官本位逻辑。本来学界与官场应该遵循各自的逻辑，但不幸的是中国的教育是官场的翻版。放权之后，可以让自下而上的声音和力量加入到各级决策和执行之中。这样权力被分散，让不同的声音和力量带来不同的办学策略，比如科目安排、授课方法、教学内容，等等。

哈佛大学和耶鲁大学不需要美国联邦教育部或者某州教育部来制订大纲、教育目的和指导精神。正因为他们都有办学自主权，所以才能开动脑筋制定策略发展自己的教育和教学，形成自身的特色和优势，成为世界教育行里屈指可数的大牛校。这些大学的校长们不是要对总统负责，而是要对学校的教职员工、学生和学校"董事会"负责。

近年来，美国各州中小学都在做共同的教育核心标准，虽然联邦政府教育部长邓肯（Arne Duncan）在努力推动此事，但他无权干涉。不久前，犹他州教育厅长舒姆威（Larry Shumway）在给邓肯的信中提道："各州对自己的公共教育课程在各个领域的学习标准上具有全部的控制权。"邓肯在答复信中说："完全同意舒姆威的做法，各州具有完全的权力来设定自己的学习标准。"事实上，美国的创新人才不是教育刻意培养出来的，而是因为美国多样性的教育生态，让教育环境相对比较宽松，很多创新人才没有被教育所束缚，从中脱颖而出——盖茨和乔布斯就是其中典型的代表。美国的教育生态是，每个州都有自己对教育的管理权，即使是部长，也不能干涉各州的事务而自己去设定共同的教育核心标准，州内各个学区自己管理自己，教材都是各自选用。美国大约有 18000 个学区，可以想象教育权力的分布是多么分散，但就是这样的权力分散带来了教育生态的多样性，联邦教育部很难制订一个统一的教育标准让全国教育标准一体化。

民国时的蔡元培和胡适等人之所以能对北大等高校的发展有那么大的影响，正是因为他们没有屈服于所谓的"权力"，而是坚持自己的人格和办学自主性。

多样性的生态，就如同在一个森林里，许多种动植物都可以找到自己能够生活得很好的小环境，大的可以成其大，小的也自得其乐。正如作者所说："教育大一统在我们可以想见的一切维度上，消灭多样，制造单一。其最突出、最触目的后果是千校一面。千校一面的特大弊端有二。其一，它不可能完成社会'不拘一格降人才'的期待。其二，失去了实验的机会和可能性。大一统打造单一的标准，单一的标准直接、间接地导致激烈、恶性的竞争。"

让教育多一点理想

　　"生命中最有价值的事物是不需花费的。"理想就是这样一个事物，是否拥有她，只在个人的心思意念了。教育的根本目的是让人完成人之所以为人的使命，技能学习只是细枝末节。这一目的决定了教育本身是一个理想的事业，在她的怀抱中的每个人，不管是师父还是徒弟，教师还是学生，多多少少都应该是拥有些理想的人。

　　从柏拉图的《理想国》到中国儒家的经典《大学》，都是让人通过教育达到"至善"的人的完成的境界。"大学之道，在明明德，在亲民，在止于至善。"这里的大学，即大人之学，既是指成年人的学问的目的，也是指成就至善完整人格之学。古人以"君子不器"的君子作为榜样。佛家与儒家在这一点上的相通之处，即在于两者都是通过教育使人达到至高境界，在儒家是成为圣贤，在佛家即成为佛，成为菩萨。在基督教里，同样要以《圣经》的要求为标杆，指导自己的生活。在基督教里，人是上帝以自己的形象所造的。通过《圣经》话语的教育和修行达到上帝的标杆生活。天堂既是上帝的标杆，也是圣徒的理想。

当教育从庙堂成为普罗大众的消费品之后，在工业化对熟练工人的需求之下整个变成了世俗技能培训所。而如哈佛大学这样以宗教背景起家的大学，在世俗化中仍坚守着一定的宗教理想。在科举时代，读书人有句名言，据说出自宋真宗赵恒："书中自有黄金屋，书中自有颜如玉。"脱离了科举制的中国教育，在高考这个"新科举"指挥棒之下，距离教育本来的成就人之"至善"的理想，更是渐行渐远。因此，才有钱理群先生愤然称呼那些大学生们为"精致的利己主义者"。在"理想大学"专题研讨会上，他说："我们的一些大学，包括北京大学，正在培养一些'精致的利己主义者'，他们高智商，世俗，老到，善于表演，懂得配合，更善于利用体制达到自己的目的。这种人一旦掌握权力，比一般的贪官污吏危害更大。"

《庄子》里的《逍遥游》篇值得反复玩味，里面对绝对自由的追求，就是一个理想。理想，她的最大价值就在于给我们一个难以企及的目标作为我们自己的标准，促使我们一点一点地向着这个目标推进。这个理想就是那远方的灯塔，照亮着我们前行的路，使我们不会走偏，而且在不断向着"至善"之境前行。"小知不及大知，小年不及大年。"这个大小之辩，我们可以把其中的"大"作为理想看待。有了这个"大"作为目标，"小"即有了方向。"取法乎上，仅得其中；取法乎中，风斯下矣！"理想预示着最后取得的成果；理想也可帮助人超越许多功利的得失；理想还可以让人在物欲社会里保持一份对物欲的警惕和抵抗，以免成为物质的奴隶。

更为重要的是，理想让慵懒的生活有了激情，变得敞亮，让人生迈向"至善"之境！

"教育需要乌托邦！"武汉大学前校长刘道玉曾这样说过。联合国教科文组织也曾提出："教育：必要的乌托邦。"社会学家曼海姆曾这样说出乌托邦的功能："乌托邦的消失将带来静止的状态，在这种状态中，人几乎成为物。那时，我们将面临一种难以想象的两难境地，即人类虽然获得了对现实存在的最大程度的理性控制，却也失去了任何理想，变成了仅仅凭冲动行事的生物。"吉拉斯在反思自己饱尝的集中营之苦而写就的《不完美的社会》里曾这样说："我相信社会根本就不可能完美。人必须有思想和理想，但他切不要以为都可以完全实现。"理想不是可以完全实现的，正是这种乌托邦的完美性，才是理想的本质特征。但这种理想为未来指明了方向。对此，功能主义者、社会学家科塞在论述乌托邦的积极功能时这样说："乌托邦不仅是一种有助于产生想象和希望之视野的载体，而且这种寄希望于未来也是当下指导行为和探索价值观的源泉……由于'未来'眼界的丧失，艺术、文学、社会科学都变得贫困。"所以，我们说教育需要乌托邦，需要这种"乌托邦"性质的理想；教育者就要有这种理想的教育情怀；受教育者要从教育中养成这种情怀。

文化是人类生存技能的储存库；教育也扮演着从储存库中提取生存技能并传递给人们的作用。从这个角度说，教育也是功利的。但这种功利本质上是合理的人类生存需要。但是，一旦把功利过度扭曲，则不仅辜负了教育文化传承的义务，更是远离了教育本质的目的。比如，巨量的作业侵占了孩子童年玩耍的时间，同时也把孩子限制在狭小的学校和课堂的空间，学习的内容以"考什么学什么"为指南，超越这个则会受到限制。再比如，有的学校出十万元买下复读生，有的学校学生甚至紧张到三年高中生活中睡觉都不敢脱衣服。所有这类现象都告诉我们，这些教育不仅脱离了学生生存技能文化的吸收，更远离了教育培养学生"至善"人格境界的目标。

如果说理想的功能也是功利的，为了说明什么是理想，不妨借用《金刚经》的典型说法：所谓理想，即非理想，是名理想。

每个孩子大概在中小学的时候都写过以"我的理想"为题目的作文。其实，当一个学生说理想是当工人、警察、科学家、医生、或者教师等的时候，我们不能说这些不是理想，但是这种理想还是"作为器"的理想，不是教育本真的理想。傅雷家书里对儿子傅聪的劝勉是"第一做人，第二做艺术家，第三做音乐家，最后才是钢琴家"。这是层层推进的。教育中的理想，当是人格的完善，也即"做人"的成分更多些。

自古圣贤多寂寞，庸众是大多数。即使如此，我也愿意寄希望于教育工作者们能多一些理想情怀，让教育多一点理想，以此化解过度的教育功利化带来的弊端。如果校园不能引领社会，反而让社会整个地吞噬了校园的一片净土，那么社会发展本身是要付出代价的。

也许在当下的教育里，让成就人格"至善"的理想多一点，犹如西西弗斯往山顶推动巨石。虽然石头还会滚下来，但还是要拼尽全力地推。有了这个推，打磨的巨石也会发出亮光——理想不灭之光！

图书在版编目（CIP）数据

让教育多一点理想：陈心想教育随笔精选／陈心想著 . —上海：
华东师范大学出版社，2015. 11
ISBN 978 - 7 - 5675 - 4318 - 8

Ⅰ. ①让 ... Ⅱ. ①陈 ... Ⅲ. ①教育—随笔—中国—文集

Ⅳ. ① G52-53

中国版本图书馆 CIP 数据核字（2015）第 273117 号

大夏书系·教育随笔

让教育多一点理想
—— 陈心想教育随笔精选

著　者	陈心想
策划编辑	朱永通
审读编辑	王　悦
封面设计	奇文云海·设计顾问

出版发行	华东师范大学出版社
社　址	上海市中山北路 3663 号　邮编　200062
网　址	www.ecnupress.com.cn
电　话	021 - 60821666　行政传真　021 - 62572105
客服电话	021 - 62865537
邮购电话	021 - 62869887
地　址	上海市中山北路 3663 号华东师范大学校内先锋路口
网　店	http://hdsdcbs.tmall.com

印 刷 者	北京汇林印务有限公司
开　本	889×1194　32 开
插　页	1
印　张	7.25
字　数	124 千字
版　次	2016 年 1 月第一版
印　次	2017 年 3 月第二次
印　数	6 101-9 100
书　号	ISBN 978 - 7 - 5675 - 4318 - 8/G·8790
定　价	32.00 元

出 版 人	王　焰

（如发现本版图书有印订质量问题，请寄回本社市场部调换或电话 021-62865537 联系）